KATOLSK RELIGION

- efter 2. Vatikanerkoncil

Jakob Munck

KATOLSK RELIGION

- efter 2. Vatikanerkoncil

2015

© 2015 Jakob Munck - *www.jamu.dk*
Vers: 150225
Forlag: Books on Demand GmbH, København, Danmark
Tryk: Books on Demand GmbH, Norderstedt, Tyskland
ISBN: 9788771701166

Indhold

1. INDLEDNING - 7

2. KATOLSKE ERFARINGER - 8

3. ÉN PAVE TO KIRKER - 38

1. INDLEDNING

For mig er det at være katolik det samme som at tro på, at mennesket er godt, at vi har en fri vilje, at vi alle er elsket af Gud og at alle mennesker - uanset religion - kan blive frelst. Kirken er en kulturinstitution, som har en terapeutisk og en social opgave at løse. Den er et fælleskab og dens liturgi, sakramenter og hele dens teologi er indrettet sådan, at den især henvender sig til mennesker, som føler sig som "syndere" og som ønsker at blive renset for den byrde, som de derved har lagt på sig selv.

En god katolik er en katolik, som tænker frit, som er kritisk og som ikke har gjort den katolske religion til sit levebrød og derved bragt sig selv i et økonomisk afhængighedsforhold til den lokale biskop. Den slags mennesker eksisterer, det ved jeg.

Det modsatte af en god katolik er en papist. Papister er mennesker, som dyrker en falsk religion. I gamle dage kaldte man dem for "ultramontanister" (it: over bjergene), fordi de søgte at udbrede den opfattelse, at paven og hans taler og dokumenter alle er ufejlbarlige (i stil med Muhammed) og at kritisk tænkning derfor er farlig. For kritisk tænkning fører - efter papisternes mening - til skismatiske holdninger, og da frelsen kun er mulig, hvis man er i fuld kommunion med den romersk-katolske kirke, så er det klogest at sætte sin egen forstand på standby for at undgå at ende i Helvede.

Men den papistiske lære er falsk og den er uforenelig med den religion, som Jesus grundlagte. Derfor er det mig en ære og en fornøjelse at give et beskedent bidrag til udvikling af en tænkende kirke, som ikke kun i liturgien, men også i ord og handling, følger de idealer, som den store profet og hans hellige Guds Mor har lært os.

Jakob Munck
25/2-15

2. KATOLSKE ERFARINGER

* Indledning

I 1995 blev jeg "fuldt optaget i den katolske kirke", som man kalder det. Det burde jeg måske aldrig være blevet, men jeg havde egentlig ikke noget valg. Jeg har altid interesseret mig for religion, men jeg har foretrukket at være frit stillet i forhold til den religion, som jeg studerede. Dels fordi at jeg opfatter religioner som værende ideologiske systemer, som - i lighed med andre systemer - har deres begrænsninger. Og dels fordi jeg ikke bryder mig om at få hæftet nye religions-betegnelser på mig. Blandt andet derfor havde jeg meldt mig ud af folkekirken, da jeg var 19 år. Dybest set er der kun én betegnelse, som jeg virkelig kan identificere mig med, og det er, at jeg er kultursociolog. Det er jeg stolt af og det er jeg tilfreds med. Denne betegnelse giver et godt indtryk af hvem jeg er og hvad jeg interesserer mig for. For kultur er jo normer, ideologi og religion, så et af de mest indlysende emner for kultursociologiske studer, er religionerne. Og så er der et par andre ting ved kultursociologien, som jeg også godt kan lide, og det er dens kritiske indstilling til alting, og dens mangel på respekt for autoriteter. Det kan jeg helt identificere mig med. Autoriteter findes i alle kulturer, for de ikke kan undværes, men for os kultursociologer er disse autoriteter ikke ufejlbarlige størrelser, som man bøjer sig for, men – i sig selv – objekter for vores undersøgelse. Det har de dygtige af disse autoriteter ikke noget imod, medens de dårlige værger sig. De ved, at deres autoritet er falsk og de frygter afsløring. Det har jeg lært som kursusleder i mange virksomheder i mine erhvervsaktive år, og det viste mine erfaringer i den katolske kirke også. Autoritet finder man overalt, men ikke alle steder er den positiv.

Nå, men tilbage til den store dag, da jeg blev optaget i kirken. Jeg havde i mange år studeret religion, og da mit liv udviklede sig sådan, at jeg følte behov for selv at tilhøre en sådan religion, så målrettede jeg min søgen imod dette. Ikke fordi at tilknytning til en religion giver sociale kontakter, men mere fordi at religionen er en

måde at forstå og at tale om det guddommelige og om livet efter
døden. Og det havde jeg behov for. Jeg havde nemlig mistet en stor
del af min familie (min søn, min søster og min far), og jeg følte der-
for, at jeg havde behov for et ståsted. Men hvilken religion, som
dette kunne dreje sig om, vidste jeg ikke. Så derfor brugte jeg tid og
kræfter på at sætte mig ind i de forskellige tankesystemer, og da jeg
vidste, at jeg var døbt og boede i et kristent land, så mente jeg, at
det ville være klogt at vælge en af de kristne religioner.

Jeg besøgte derfor en masse kristne kirker for at finde ud af, hvad
de stod for. Jeg læste også en masse bøger og snakkede med mange
mennesker, som havde en mening om det religiøse. I et par måne-
der var jeg medlem af det unitariske trossamfund på Østerbro, da
jeg mente at konceptet med den unitariske Gud lød meget fornuf-
tigt. Hvorfor jeg mente sådan, husker jeg ikke, men jeg fandt ud af,
at der var utallige uafklarede spørgsmål i den unitariske forsamling,
og at jeg på visse afgørende områder stod i modsætning til flertallet
af dens medlemmer. Jeg var f.eks. modstander af abort, jeg troede
ikke på reinkarnation og jeg mente ikke, at man kunne basere en re-
ligion på flere modstridende "hellige bøger" på en gang. Så på dette
grundlag måtte jeg konstatere, at unitarismen ikke var det helt rigti-
ge for mig, og sammen med en veninde, som jeg havde lært at ken-
de hos unitarerne, startede jeg derfor en gruppe, som vi kaldte for
"kristne unitarer". Gruppen blev vist aldrig udvidet med andre end
hende og mig, men det var kun en fordel. Dermed fik vi nemlig ad-
gang til det interreligiøse samarbejde, som på den tid foregik i Kø-
benhavn mellem en række foreninger af kristen og ikke-kristen art,
og dette samarbejde lærte jeg en masse af. Efter dette studium af de
mange religioner, som eksisterer i Danmark, var det klart for mig,
at en religion er nødt til at have nogle faste rammer. Der må være et
minimum af enighed om, hvad den indeholder. Hvis man ikke er
enige om hvad der er hellige skrifter, hvornår livet begynder, hvem
som er præster og hvad formålet er med livet, så må man forvente,
at der bliver konflikter, og disse konflikter vil – før eller senere -
føre til splittelse.

Det var min opfattelse, at den mest seriøse religion og den som
havde en lære, som lå tættest ved det, som jeg allerede troede på,
var den katolske. Jeg var faktisk opvokset tæt på en katolske kirke
(Sct. Andreas) i Ordrup og havde derfor haft forbindelse med kato-
likker og katolske præster allerede som barn. Det, som tiltalte mig
ved den katolske religion, var det, at den var international, at den
var gammel, at den havde mange medlemmer (især i udlandet), at
den havde en fast defineret teologi og at den havde et positivt men-
neskesyn og tro på den frie vilje. Især det sidste spillede en stor rol-
le for mig, for jeg har altid anset det for indlysende, at mennesker
har ansvaret for deres egne handlinger. Det at Gud skulle dømme
sine egne skabninger efter "tro uden lovgerning", som Luther men-
te, forekom mig at være helt vanvittigt og aldeles umoralsk. Hvis
Gud elsker sine børn i denne verden, må han give dem friheden til
selv at vælge, og han må - som andre fornuftige forældre - gøre dis-
se børn klart, at deres handlinger har konsekvens. Man bør ikke
komme i himmelen, hvis man ikke fortjener det, for inden man
kommer i himmelen, så er der en dom, og denne dom giver ingen
mening, hvis alle går samme vej. Derfor kan mennesket ikke være
uden fri vilje, for så giver dommen ingen mening. Og så er Gud
uretfærdig. Den calvinistiske lære om at vores skæbne er forudbe-
stemt, eller de lutherske forestillinger om, at vores handlinger altid
er onde og at vi har en trælbunden vilje, er derfor helt uacceptable.
Det kan - også i dag - undre mig, at religioner med et sådant livssyn
overhovedet eksisterer. Ganske vist går jeg ind for ytringsfrihed,
men at gøre et menneskesyn som det lutherske til statsreligion i et
land som Danmark, forekommer mig at være sygt. Det tog jeg
stærkt afstand fra dengang, og det gør jeg stadig.

Mine studier førte mig altså til det resultat, at den mest seriøse kir-
ke man kunne være medlem af, var den katolske. Men jeg havde in-
tet erfaringer med denne kirke, ud over det, at flere af mine lege-
kammerater som barn, var katolikker. Men hvad dette indebar, hav-
de jeg ikke tænkt nærmere over, og mine forældre havde aldrig for-
søgt at præge mig i religiøs retning. Jeg kunne derfor frit vælge,
vidste jeg, og jeg mente at det bedste valg jeg kunne gøre, var at

indlede et nærmere studium af den katolske kirke, eventuelt med
henblik på at melde mig ind.

* Læretid og optagelse

Mit studium af det katolske startede med at jeg lånte forskellige vi-
deoer i det katolske video-bibliotek, som lå på Jagtvej i den samme
bygning som Niels Steensens Gymnasium. Det var en ældre jesuit-
pastor ved navn Dorn, som stod for dette bibliotek, og han virkede
absolut sympatisk på mig. De videoer jeg lånte var måske ikke sær-
lig interessante, men på den anden side, så skræmte de mig heller
ikke bort, så jeg besluttede mig til at søge videre. Det gjorde jeg
ved at kontakte det katolske bispekontor, hvor jeg bad om at kom-
me til samtale med en katolsk præst, og her henviste man mig til en
jesuit-præst, som boede på Frederiksberg. Også han var en del æl-
dre end mig selv, og det kunne jeg godt lide. Jeg besøgte ham et par
gange, og det var altid interessant at snakke med ham, men jeg for-
stod på ham, at han ikke havde tid. Han henviste mig derfor til en
yngre præst, som boede i en lejlighed på Gammel Kongevej, men
ham brød jeg mig ikke om. Han virkede bedrevidende og selvglad,
så ham ville jeg ikke have mere med at gøre.

Mit næste skridt var at kontakte den katolske informationstjeneste,
som lå på Vesterbro og som var ledet af en søster Hildegaard. Jeg
ringede til hende og fik at vide, at jeg kunne få tilsendt et katolske
brevkursus i 10 lektioner. Det ville være ganske gratis, og hvis jeg
var yderligere interesseret, så kunne jeg komme til personlig under-
visning. Jeg startede derfor med det katolske brevkursus, og fortsat-
te med private lektioner hos den pågældende ordenssøster, og alt
hvad jeg lærte her fandt jeg både interessant og i fuld overens-
stemmelse med de holdninger, som jeg allerede havde. Det afgø-
rende for mig var, at katolikkerne mente, at livet er helligt, at abort
er forbudt og at mennesket har en fri vilje. Synd eksisterer altså, og
har at gøre med den måde man lever livet. Gud dømmer ikke men-
nesker efter "tro alene", men efter den måde vi forholder os til an-
dre og det offer vi yder for vores medmennesker. Sådan forstod jeg
det i hvert fald, og det var helt i overensstemmelse med mine egne

holdninger. Samtidig fik jeg også en mere klar forståelse af, hvad
lutheranisme og luthersk menneskesyn var, og det var ganske klart
for mig, at denne religion - den lutherske - var helt uden forbindelse
til den Gud, som jeg troede på.

Efter at have gået til undervisning hos søster Hildegaard i et halvt
års tid spurgte hun mig om jeg "ville være katolik". Jeg må ind-
rømme, at jeg ikke var overrasket over dette spørgsmål, men jeg
vidste også, at det ville være et svært valg. Jeg var nemlig ikke
fuldt ud enig med kirkens officielle holdninger til forskellige
spørgsmål (f.eks. præventive midler og aflad), og da jeg anså det
for usandsynligt, at jeg skulle kunne påvirke kirken til at ændre sin
lære, mente jeg, at jeg måtte tage forbehold. Men søster Hildegaard
stillede det skarpt op for mig. Enten skulle undervisningen rettes
mod at jeg blev optaget i kirken, eller også havde hun ikke mere
tid. Det forstod jeg, og da jeg mente at undervisningen var meget
værdifuld for mig valgte jeg derfor det "mindst ringe" af disse al-
ternativer, nemlig at sige, at jeg ønskede optagelse i kirken.

Det skal siges, at jeg allerede ved undervisningens start havde gjort
det klart for min lærer, at jeg ikke var enig i det synspunkt, at det er
syndigt at anvende præventive midler. Det havde hun fuldt ud ac-
cepteret, og det var mit indtryk, at hun var enig i mine synspunkter
på dette område. I hvert fald forsøgte hun ikke at overbevise mig
om noget andet, hvilket ville have været naturligt, hvis hun havde
været uenig. Ikke mindst da hun fik at vide, at jeg ville være kato-
lik. Til gengæld spurgte hun mig om jeg ville færdiggøre det, som
nu pludselig var blevet til min "konvertit-undervisning" hos hende,
eller om jeg ville have en anden lærer. Og det var et svært spørgs-
mål, for søster Hildegaard var interessant at snakke med. Men jeg
mente alligevel, at jeg ville være bedre stillet, hvis jeg også lærte
andre katolikker end søster Hildegaard at kende inden jeg skulle
optages i kirken, så jeg bad om at få en anden lærer, som kunne fø-
re mig helt frem til den endelige optagelse i kirken. Jeg fortalte, at
denne lærer helst skulle være pater Dorn, som jeg kendte fra den
katolske videocentral, og som jeg havde set på flere af de videoer,
som denne central distribuerede. Ham kunne jeg godt lide. Men sø-

ster Hildegaard fortalte, at det ikke kunne lade sig gøre, da pater Dorn havde så meget at lave, at han ikke havde tid til at undervise konvertitter. Så jeg måtte finde en anden underviser.

Min videre søgning foregik ved hjælp af katolsk lommebog, hvor jeg fandt navn og telefonnummer på en række katolske institutioner, som jeg ønskede at lære nærmere at kende. Det førte til en del interessante besøg og samtaler med mennesker, som alle sammen lærte mig noget. På et tidspunkt snakkede jeg med en jesuit-pater i Stenosgade, og han mente at jeg kunne gå til undervisning hos ham, og det startede jeg så på. Men den pågældende pater var bestemt ikke en type, som jeg følte mig inspireret af. Han virkede sur og modvillig, og han var ikke i stand til at svare blot nogenlunde overbevisende på de spørgsmål, som jeg stillede. Da jeg spurgte ham om hvad han mente om aflad, kunne han ikke svare og gav mig bare en fotokopi fra en leksikon, hvor begrebet var defineret. Men det blev jeg ikke meget klogere af, og derfor meddelte jeg ham kort tid efter, at jeg ikke ønskede at fortsætte undervisningen.

Min sidste lærer hed Georg Bune Andersen, og han var leder af en forening, som hed Katolsk Arbejderaktion. Jeg ringede til ham for at arrangere et besøg, som jeg havde gjort med flere andre af de katolske lægmandsbevægelser. Men Bune Andersen svarede ikke kun på mine spørgsmål, han stillede også selv spørgsmål, og da jeg fortalte, at jeg var en konvertit-studerende uden lærer, spurgte ham mig, om jeg ville gå til undervisning hos ham. Mit ønske var- fortalte jeg ham - at gå hos pater Dorn, men da Dorn ikke havde tid, kunne Bune Andersen måske være en god erstatning. Især da han fortalte, at han arbejdede tæt sammen med pater Dorn og at han boede lige ved siden af det Jesuitter Kollegium, hvor Dorn boede. Jeg sagde derfor "ja" til Bune Andersens tilbud, altså under forudsætning af, at pater Dorn ville godkende det, og det gjorde han. Nu var jeg så blevet "indirekte" elev hos Dorn, og min optagelse i kirken ville blive foretaget af pater Dorn. Det ville dog være Bune Andersen, som stod for min undervisning lige frem til optagelsen. Det synes jeg lød fornuftigt, og jeg startede straks undervisningen.

Det var en herlig tid. George Bune Andersen var alt andet end
dogmatisk, og han havde den fordel, at han havde rod i den sociali-
stiske arbejderbevægelse, som jeg også havde haft kontakt til i flere
år, da jeg jo - lige indtil 1979 - havde været medlem af kommunist-
partiet og af den kommunistiske studenterbevægelse. Bune Ander-
sen og jeg havde derfor meget at snakke om, og den måde han for-
bandt den katolske kirke med arbejderbevægelsen og kampen for
social retfærdighed, gjorde stort indtryk på mig. Jeg var ikke enig
med ham i alting. Jeg fandt bl.a. ud af, at den forening han var for-
mand for, havde agiteret for fri abort, og det kunne jeg bestemt ikke
acceptere. Men på andre områder, var vi rørende enige. Ingen af os
mente, at pavelig "ufejlbarlighed" var noget, som skulle tages alt
for bogstaveligt, og det faktum, at Gud kommunikerer til hvert en-
kelt menneske gennem dette menneskes samvittighed (ikke gennem
den katolske pave) var vi også helt enige om. Kirken er en kulturin-
stitution, som mange kan få glæde af, og de mennesker, som leder
denne institution er ikke mere ufejlbarlige end alle andre. Og det vil
sige meget lidt.

Bune Andersen var indstillet på, at jeg snarest skulle optages i kir-
ken, og jeg var selv overbevist om, at hvis katolikker i almindelig-
hed var lige så inspirerende og lette at omgås som ham, så ville jeg
ikke have nogle problemer. Det som nagede mig mest, var den
formel, som man skal fremsige, når man blev optaget i kirken. En
del af denne trosbekendelse lyder sådan:

> *"Jeg tror og bekender alt, hvad den katolske kirke lærer,
> som åbenbaret af Gud".*

Jeg mente, at dette kunne tolkes på to måder, og jeg kunne kun til-
slutte mig den ene af disse tolkninger. Jeg troede ikke, at alt hvad
den katolske kirke har lært har været åbenbaret af Gud. Kirken og
paverne lærte jo engang de troende, at hekse og kættere skulle
brændes, at solen drejede rundt om jorden og at kremering var for-
budt. Dette sludder kunne jeg naturligvis ikke tilslutte mig. For mig
var det kærligheden, tilgivelsen og retfærdigheden, som var kernen
i den kristne religion, og mit forhold til den katolske kirke var helt

baseret på den opfattelse, at man her mente det samme. Kuriøse og rationelt uforklarlige moralske normer, havde jeg ingen sympati for, så hvis den nævnte sætning skulle have mening, måtte den tolkes sådan, at jeg tilsluttede mig den del af kirkens lære, som kirken hævdede var åbenbaret af Gud. Da denne åbenbaring sluttede med den sidste apostels død (ca. år 100) kunne det naturligvis ikke drejer sig om hele kirkens lære, som for størstedelens vedkommende var udviklet efter dette tidspunkt. Men for en sikkerheds skyld, tog jeg forbehold, da jeg blev optaget i kirken. Da jeg afsagde den nævnte sætning, lavede jeg en mental reservation. Kun hvis sætningen blev forstået på den måde, som jeg kunne acceptere, ville jeg tro på den. Denne reservation er jeg rigtig glad for i dag, for det betyder, at jeg aldrig har skullet gå på kompromis med min samvittighed. Heller ikke i katolsk sammenhæng. Jeg opdagede senere, at de – efter min mening – usympatiske traditionalister og papister, som hierarkiet er fyldt med, altid brugte argumentet om "kirkens lære", når de ikke havde saglige argumenter tilbage. Men her var jeg heldigvis immun. For jeg havde aldrig bekendt mig til den tro, at alting hvad kirken lærer, er åbenbaret er Gud. Selvfølgelig er det ikke det, og man må undre sig over, at man kræver at de konvertitstuderende skal aflægge en sådan bekendelse, for at få adgang til sakramenterne. Hvad er mon formålet med det? Jeg har en idé, men den holder jeg for mig selv.

* Den nye biskop

Den første mistillid til kirkens hierarki meldte sig hos mig, da den gamle biskop Martensen fik tilladelse til at trække sig tilbage og Vatikanet valgte den unge Czeslaw Kozon til ny biskop. Jeg kendte ikke Kozon i forvejen, men vidste dog, at han havde praktiseret som sognepræst i Sankt Andreas Kirken i Ordrup, ikke langt fra hvor jeg havde boet i min ungdom. Jeg fik at vide, at han havde været god til at have med de unge at gøre, og at han var betydelig mere konservativ end sin forgænger. Det sidste lød ikke særlig godt i mine ører, da jeg betragtede mig selv som værende liberal, og belært af mine erfaringer fra det politiske liv og fra de arbejdspladser jeg havde været ansat på, var jeg klar over, at jeg ikke fungerede godt under en autoritær ledelse.

Biskop Kozon mødte jeg første gang, da han vandrede rundt i gården på Sankt Lioba kloster på Frederiksberg, hvor min første konvertitunderviser boede. Det var dagen for de syges salvelse, og der var en del gæster. Her uddelte han løbesedler, som viste et billede af Sankt Ansgar, som bar på en kirke, og på bagsiden af disse sedler stod der: "Bed for mig. Czeslaw Kozon". Hvad der var formålet med disse sedler, havde jeg svært ved at forstå, for han var lige blevet udnævnt til biskop, og havde dermed al den magt, som han kunne drømme om. Var der ikke andre, som det var mere relevant at bede for, tænkte jeg. Og kunne man ikke bruge bispedømmets penge på andre og bedre måder end til at trykke reklamer for biskoppen? Jeg undrede mig, og tænkte hvad der mon skulle følge. For det var klart, at skiftet til den nye biskop ikke kun ville være et personskifte, men også et skift i ledelsesstil, moral og stemning i hele bispedømmet. Den nye biskop var fra Polen, men var opvokset i Danmark. Han talte dansk og var dansk statsborger, men var på alle måder ellers - efter de informationer jeg havde fået - aldeles udansk.

Den første reform som den nye biskop iværksatte var at fyre den hidtidige redaktør af bispedømmets blad, Katolsk Orientering. Det skete på opfordring af nogle af nogle konservative lægfolk, som mente, at han var for kritisk og liberal. Biskoppen bevilgede penge til at de kunne lave en større undersøgelse af bladets redaktionelle linje, og den skulle naturligvis laves om. De mest fremtrædende lægfolk, som støttede den "neokonservative revolution” var Sebastian Olden-Jørgensen og Erling Tidemann, to af de personer, som senere skulle få store fordele af den nye biskop og hans ledelse. Den gamle redaktør blev fyret og i stedet ansatte man psykologen Jørgen Hviid, som skulle fungere som overgangsfigur inden Erling Tidemann selv kunne overtage posten. Men disse ændringer i den redaktionelle ledelse havde naturligvis ikke kun til formål at præmiere de mennesker, som støttede biskoppen, det handlede også om at lære de danske katolikker at tænke på en ny måde. Det var især

deres holdning til forholdet mellem samvittigheden og paven, som
den nye biskop ville lave om på. De katolske medlemmers moral
skulle ikke være udtryk for Guds tale i deres samvittighed, men for
den kirkelige tradition, som den var udtrykt i de pavelige encykli-
kaer. Især en af disse havde interesse, nemlig Poul VI's skrivelse
"Humanae Vitae" fra 1968, som de nordiske biskopper (incl. Hans
Martensen) havde taget indirekte afstand fra, da den udkom. Men
den tid var slut. Nu skulle katolikkernes moral revideres. Det skulle
slås fast, at spørgsmål om prævention og samliv ikke kunne afgøres
af mennesker efter deres egen subjektive bedømmelse, men måtte
indrettes efter kirkens "ufejlbarlige" lære: Prævention og onani var
synd, homoseksualitet var synd, sex uden for ægteskabet var synd,
kort sagt, al erotisk aktivitet, som ikke var rettet mod at få børn, var
synd. Tankegangen var den, at et af de vigtigste formål med kirken,
er at forøge dens eget medlemstal, og da alle erfaringer viser, at
konvertitter er upålidelige, så er man nødt til at satse på dem, som
bliver født af katolske forældre og døbt katolsk. Konvertitter er jo
mennesker, som har ombestemt sig, og som på et tidspunkt - rent
subjektivt – har valgt den katolske tro. De vil lige så let kunne væl-
ge en anden, og derfor er de ustabile. Rigtige katolikker skal være
født af katolske forældre, og derfor må sådanne ægtefæller indstille
sig på, at de skal have mange børn. En af biskoppens mest ihærdige
fortalere var derfor formanden for en katolsk forening imod abort.
Torben Riis hed han, og han forsømte ikke en lejlighed til at rekla-
mere i den pavelige seksuallære og dens forbud mod prævention.
Han havde selv 10 børn, så han var en mand af den slags, som bi-
skoppen kunne lide. Derfor blev han da også – efter Erling Tide-
mann – udnævnt som redaktør af Katolsk Orientering.

Ud over ændringen af det katolske blad skete der også mange andre
ændringer, som pegede i samme retning, nemlig mod autoritær le-
delse, persondyrkelse, traditionalisme og papisme (= ukritisk pave-
tro). I den katolske domkirke blev skabet med sakramentet ("Jesu
Legeme") flyttet fra centrum i apsis og ud til en sidevæg, for at der
i stedet skulle blive plads til biskoppens trone, som var en rød,
fløjlsbetrukken stol. Når kirkens gæster så fremad skulle de se på
biskoppen og ikke Kristi Legeme. Og stolen måtte naturligvis kun

bruges af biskoppen, som man aldrig så der eller andre steder i kirken, uden at han var iført sin bispekåbe, havde bispehuen på og staven i hånden. Der var ingen tvivl om, at biskop Kozon gerne ville understrege sin autoritet, som værende "en af apostlenes efterfølgere", men indholdet af denne autoritet var mere uklart. Jeg husker, at jeg en dag kom forbi biskoppens kontor i Bredgade, og døren stod åben. Jeg så ind og undrede mig over, at der hang et foto af biskoppen selv på væggen. Det vigtigste for kontorets gæster var åbenbart at vide, hvordan biskoppen så ud. Et krucifiks havde måske været mere passende, tænkte jeg, men det var åbenbart ikke biskoppens opfattelse. Det handlede om at man skulle fokusere på ham, som person, nærmest som en slags afgud. Og det brød jeg mig ikke om. Det at vende tilbage til gamle værdier, kan være en god ting, men unødvendig fremhævelse af tom autoritet, finder jeg ikke hensigtsmæssigt. Biskoppen virkede som en mand, der appellerede til rygklapperne. En mand for dem, som kunne lide autoritet, lydighed og fravær af personligt ansvar. En mand for hvem samvittighedens tale kun havde gyldighed, hvis den var i overensstemmelse med pavens ord. Og dermed en mand, som jeg ikke brød mig om.

Ud over det nævnte, skete der også andre ændringer. Biskoppen flyttede fra en ydmyg præstebolig i tilknytning til Sankt Andreas Kirken ud i et stort palæ i Hellerup. Prisen på dette palæ kender jeg ikke, men et tocifret millionbeløb er nok realistisk. Og det er vel også kun rimeligt, har biskoppen formentlig tænkt, når han nu er en så ophøjet herre, skal have et nyt sted at bo. Ikke enhver er jo Jesu talerør og apostlenes efterfølger i Danmark, så Amalienborg havde sikkert været en passende adresse, men her var åbenbart intet ledigt. Så biskoppen måtte nøjes med et palæ i Hellerup, og det er jo ikke meget for en, som i egen person repræsenterer "sandheden, vejen og livet" (Joh. 14/1-2). Fattigdom og beskedenhed er dyder, som Jesus satte højt, og som kirken også hævder at tro på. Men det står åbenbart ikke i modsætning til, at dens biskopper bor i paladser. Dobbeltmoral kalder man det vist, men hvad gør det? Katolikkerne bekender jo i hver eneste messe, at de har "syndet i tanke, ord og gerning". Og så har man vel pligt til også at gøre det i praksis. I hvert fald hvis man er biskop.

* Personsager

I de første år i kirken lærte jeg en del, ikke mindst af et par person-
sager, som jeg stiftede bekendtskab til, da jeg kendte de personer,
som det drejede sig om. Den første sag handlede om en person ved
navn Bent Wilson, som var blevet optaget i kirken på samme tid
som jeg selv. Vi havde været på konvertitkursus sammen på Mag-
leås, og vi tilhørte begge Jesu Hjerte Kirke på Vesterbro. Bent Wil-
son var en driftig herre, som hævdede at han var jurist og tidligere
direktør for et større firma i USA. Han fortalte, at han havde afslut-
tet sin erhvervskarriere, og at han nu var vendt tilbage til Danmark,
samtidig med at han var konverteret til katolsk tro. Nu ville han så
bruge sine evner til at hjælpe de fattige gadebørn i Sankt Peters-
borg, og til dette formål havde han stiftet indsamlingsforeningen
"Petrihjælpen", som den lokale pastor Sanders i Jesu Hjerte Kirke
var så venlig at give husly. Det viste sig efter et års tid, at samtlige
penge, som denne forening havde indsamlet var forsvundet på my-
stisk vis, og rygtet fortalte, at foreningens leder, ikke helt var de
person, som han havde givet sig ud for. I stedet for at være tidligere
direktør for et amerikansk firma, havde han siddet i Vestre Fæng-
sel, dømt for bedrageri. Manden havde åbenbart vurderet, at den
katolske kirke, var et gunstigt sted for ham at forsætte sine bedrage-
rier, og det havde han sandsynligvis ret i. Adskillige henvendelser
fra mig selv og andre til den lokale sognepræst og biskop Kozon,
gav intet resultatet. Biskoppen aflagde menighedsrådet et besøg,
men fandt intet forkert i deres arbejde, og det på trods af at der var
foretaget politianmeldelse og at en af kirkens medlemmer havde
indledt privat retssag mod Hr. Wilson. Problemet var desværre, at
menighedsrådets medlemmer i en eller anden udstrækning var in-
volveret i bedragerierne, og derfor sluttede det hele ikke før, at de
også selv blev ofre for Wilsons fupnumre. En dag kunne man læse i
kirkens blad, at Hr. Wilson ikke længere var medlem af menigheds-
rådet, og at man ikke mere støttede hans indsamlingsforening. Der
var nemlig forsvundet penge fra menighedsrådets egen konto, og
det brød man sig ikke om. Man fortalte derfor om Wilsons faktiske
baggrund, som man hele tiden havde kendt, men som man havde

holdt skjult for de mennesker, som han havde bedraget. Alt sammen naturligvis i "kærlighedens" navn. Men nu var det altså slut. Et par hundrede tusinde kroner havde Wilson snydt for i denne omgang, men sagen blev aldrig fuldt opklaret. Københavns Politi nægtede at efterforske den, da det "var sket internt i en katolsk kirke", og man derfor ikke ønskede at blande sig. "Folk kan jo bare holde sig væk" sagde den politibetjent fra Vesterbro Politistation, som jeg snakkede med, og det havde han vel ret i.

Den anden interessante personsag, som jeg blev involveret i, var da formanden for menighedsrådet i Sakramentskirken blev ekskommuniceret i 1997. Efter mine oplevelser i Jesu Hjerte Kirke, havde jeg løst sognebånd og var nu tilknyttet Sakramentskirken, og der havde jeg mødt Flemming, som formanden hed. Han havde været gift i mange år, men hans kone var død, og så havde han mødt en fraskilt protestantisk kvinde, som han var flyttet sammen med. Kvinden syntes, at den katolske kirke var spændende, og hun tog derfor med Flemming til messe hver søndag, hvor hun - med præstens tilladelse - modtog den hellige kommunion. Men det var der nogle af de andre i menigheden, som ikke var tilfredse med, og de truede med at klage til den nye biskop. Præsten turde derfor ikke mere give den fraskilte dame kommunion, og det blev Flemming vred over. Men problemet blev først alvorligt, da han og kæresten giftede sig i en protestantisk kirke. De kunne jo ikke blive i en katolsk kirke, så alternativet havde været rådhuset eller en folkekirke, og de havde altså valgt det sidste. Derfor meddelte præsten, at Flemming nu ikke mere kunne modtage kommunion, og det blev han så sur over, at han meldte sig ud af den katolske kirke. Da hans nye kone døde et par år senere, kunne han have meldt til tilbage, men det gjorde han ikke. Vreden var for stor og han følte ikke mere, at han tilhørte det katolske fællesskab.

Den tredje personsag, som jeg ikke kunne undgå at forholde mig til, drejede sig om en af mine bekendte fra min tid i den kommunistiske bevægelse. Han hed Martin Bergsøe og havde været studerende ved Nordisk Litteratur på Kbh. Universitet, samtidig med at han var aktivt medlem af den kommunistiske studenterbevægelse. Faktisk så aktiv, at han fik bevilget et længere ophold på en partiskole i Moskva, da man anså ham for at være en af fremtiden mænd i det kommunistiske parti. Jeg kendte ham fra hovedbestyrelsen i det kommunistiske studenterforbund, hvor vi begge havde været medlem.

Martin Bergsøes udvikling var ikke helt forskellig fra min egen. På et tidspunkt havde han forladt den kommunistiske bevægelse, og i søgningen efter et andet ståsted, havde han fundet den katolske kirke. Ikke sådan at forstå, at kommunisme og katolicisme er det samme, men på den anden side er der visse markante træk, som de har fælles. Det er internationale bevægelser, de har en ideologi og en central ledelse, og så handler de om at indføre det ultimative fællesskab. Kommunisterne kalder det for kommunisme og katolikker for kommunion. Metoderne er forskellige, men målet er - som jeg så det – nogenlunde det samme.

Men der var også forskelle mellem Martin og mig. Da jeg blev optaget i den katolske kirke var der flere, som opfordrede mig til at blive præst. Det havde jeg afslået, da jeg ikke mente, at jeg ville føle mig godt tilpas i et autoritært miljø, som den katolske jo er. Den samme afgørelse var Martin ikke kommet frem til, og det var måske en fejl. Han havde - mere eller mindre på egen regning - indledt et præstestudium og var senere blevet ordineret som katolsk præst. Overalt hvor jeg kom i den katolske kirke, hørte jeg, at man var begejstret for ham. Ikke mindst kvinderne, som normalt udgør mellem 60 og 80 % af de katolske menigheder, kunne fortælle, at han var lige en type, som de kunne lide, og ved besøg i hans menighed i Tåstrup havde jeg selv kunnet konstatere, at begejstringen var gensidig. Det undrede mig derfor heller ikke særlig meget, da jeg hørte, at Martin var flyttet sammen med et af sine tidligere sognebørn, en køn pige, som kom fra en katolsk familie. Men dette gjorde desværre hans arbejde som katolsk præst umuligt, og han meldte sig derfor også ud af kirken, og tilsluttede sig en bibelfundamentalistisk sekt, hvor han (vist nok) stadig er præst.

Det interessante i denne sag var ikke så meget forløbet i sig selv, og heller ikke det, at en katolsk præst bliver kærester med en af menighedens medlemmer. Det er sket mange gange. Det interessante var - for mig - at følge den udvikling, som Martin gennemgik. Da han var katolsk præst i Tåstrup var han kendt for ved enhver lejlighed at retlede menigheden i den rette cølibatære livsstil, men ikke desto mindre var det netop denne norm, som han ikke selv var i stand til at følge. Jeg husker en personlig samtale, som jeg havde med ham, medens han stadig var katolsk præst og jeg selv var konvertitstuderende. Den foregik i hans præstebolig i Tåstrup, og her indskærpede han mig, at tilslutning til den katolske kirke krævede accept af kirkens moralske normer. Hvor i bibelen disse normer - helt præcis - var angivet, kunne han ikke redegøre for, men han henviste til den katolske katekismus, som gjorde det klart, at sex hører til i ægteskabet og at prævention var forbudt. Jeg vidste tilfældigvis, at Martin havde et barn med en af sine elskerinder fra hans kommunistiske periode, så jeg kunne gætte, at hans nuværende overbevisning om cølibatets glæder, måtte være noget han havde erhvervet på et senere tidspunkt. Men jeg var ikke helt overbevist af hans formaninger. I den katolske kirke går der mange rygter, og jeg havde hørt en del historier om Martin, som måske ikke alle var lige troværdige. Men på den anden side tror jeg også på at der sjældent er "røg uden ild". Alt dette fik jeg bekræftet, da Martin flyttede sammen med et af sine sognebørn og meldte sig ud af den katolske kirke. Sikken en overraskelse det må have været for hans menighed, men Martin var jo konvertit. Og den slags bliver aldrig rigtig troende, det vidste jeg godt. Og det må de også have vidst.

* Kozons nye ledelsesstil

Et nyt negativt indtryk af den nye ledelsesstil under Czeslaw Kozon fik jeg, da jeg i år 2.000 oprettede en hjemmeside under betegnelsen Ansgar.dk. Jeg havde i flere år været aktiv på internettet, og det var naturligt for mig at skrive om det, som jeg interesserede mig, og en af de ting jeg var meget interesseret i, var forskellen mellem luthersk og katolsk lære. Jeg vidste en del af dette emne, da det var blevet gennemgået ganske grundigt af flere af mine konvertitundervisere, og da jeg havde læst flere pjecer, udgivet inden Andet Vatikanerkoncil, hvor forskellen mellem katolicisme og protestantisme var gennemgået. Det skal dog siges, at jeg også vidste, at den katolske kirke i vor tid, ikke i samme grad som tidligere, ville vedkende sig denne forskel.

En lille historie om dette, erindrer jeg tydeligt. Et par måneder efter, at jeg var blevet optaget i kirken, besøgte jeg det katolske bibliotek i Stengade og spurgte om de havde en bog om reformationen. Jeg mente, at jeg burde kunne finde en sådan bog, skrevet ud fra katolsk synsvinkel, på et katolsk bibliotek. Alt hvad jeg havde lært i skolen var jo, at reformationen i 1537 havde været en god ting, og at kirken inden da havde været præget af hykleri og afladshandel. Det mente jeg ikke kunne være hele sandheden, så jeg følte behov for at læse en anden vinkel på historien end den, som man blev præsenteret for i den danske folkeskole. Overraskelsen var derfor stor, da den bibliotekaren meddelte mig, at "den slags bøger har vi ikke". Jeg fik at vide, at jeg måtte gå på et folkebibliotek, hvis jeg ville vide mere om reformationen. Men det ville jeg jo ikke få nytte af, for de bøger man her kunne låne, var jo udtryk for den protestantiske tolkning af denne begivenhed, og det var den jeg ville have et modstykke til.

Jeg besluttede mig derfor til at lave en liste over det, som adskilte den katolske tro fra lutheranismen. Det handlede om menneskesynet, den frie vilje, kirkens globale karakter, sakramenterne, præsternes indvielse og flere andre ting. Jeg ville ønske, at jeg selv havde haft en tilsvarende liste, da jeg var konvertitstuderende, for det var unægtelig meget lettere at forstå og overskue den katolske religion, når man så de punkter, hvor den adskiller sig fra andre religioner. Jeg lavede derfor denne liste, som indeholdt ti punkter, og denne liste lagde jeg på Ansgar.dk. Og der kom straks en reaktion. Kristeligt Dagblad lavede en helsides artikel, hvor de søgte at nedgøre min hjemmeside, og Katolsk Orientering brugte en leder til det samme formål. Ingen af de to blade kunne påvise nogle fejl i mine tekster, men de mente begge, at en sådan oplistning ville skabe unødigt fjendskab mellem katolikker og protestanter. Det kunne jeg bestemt ikke være enig i, for hele min familie og alle mine venner var protestanter, og ingen af disse havde givet udtryk for, at de var fornærmede, selv om de udmærket kendte mine synspunkter. Jeg fik da også en række positive reaktioner fra andre læsere af hjemmesiden, og alting tydede på, at jeg havde skrevet noget væsentligt. Det var derfor heller ikke helt forståeligt for mig, da biskop Kozon skrev et læserbrev i Kristeligt Dagblad, hvor han fortalte, at mine tekster ikke var udtryk for kirkens lære. Det havde han naturligvis ret i, altså ud fra den tolkning af denne lære, som han selv stod for. Men andre havde en anden opfattelse, vidste jeg. Ikke desto mindre følte jeg, at det var trist med biskoppens læserbrev. For hvis ikke min oplistning over forskelle mellem protestantisk og katolsk tro var rigtig, hvad var så formålet med at konvertere til sidstnævnte? Og det var det, som jeg havde gjort.

* Moralske overvejelser

For ikke at gøre herværende historie al for lang, vil jeg undlade at fortælle om de mange gode oplevelser jeg har haft i den katolske kirke. De mange smukke messer, glæden over at bede til Jomfru Maria, den dejlige sang og musik og de mange flinke mennesker. Det undrer mig ikke spor, at denne kirke har kunnet overleve i 2.000 år, og at den stadig er i stand til at tiltrække nye mennesker, på trods af diverse skandaler og en kritisk presse. Men det, som i sin tid havde bragt mig til kirken, var jo ikke dens liturgiske skønhed eller de flinke mennesker, men derimod dens tro og dens menneskesyn. Jeg var enig i et menneskesyn, som adskiller sig klart fra det lutherske, og var bestemt ikke på udkig efter noget, som var mere eller mindre det samme.

Allerede et halvt år inden jeg blev optaget i kirken, begyndte jeg at gå regelmæssigt til messe om søndagen, og det fortsatte naturligvis, da jeg var blevet fuldt optaget. Jeg forstod ikke helt, hvad der skete i denne messe, men jeg oplevede den som værende noget smukt, som en slags teaterstykke, som havde til formål at bringe deltagerne i tættere forbindelse til Gud. Men den katolske kirke er mere end messen. Alle katolikker modtager gratis Katolsk Orientering, og heri kan man følge med i forskellige debatter, og det interesserede mig bestemt også. Men der var stadig ting, som jeg ikke var enig i, f.eks. kirkens holdning til præventive midler. At sex kun er tilladt inden for ægteskabet, var jeg klar over, men hvorfor den seksuelle akt kun var legitim, hvis den havde til formål at skabe nyt liv, det var jeg ude af stand til at se noget fornuftigt i. At formålet med ægteskabet udelukkende skulle være at få børn, kan begrundes rationelt, hvis man lever i et samfund, som er truet af invasion og krig, og hvis overlevelse er afhængig af hvor mange soldater man kan rekruttere. Så er det rimeligt at kirken bidrager til at forøge børneantallet ved hjælp af sine moralske belæringer. Men det er ikke et sådant samfund, som vi lever i, så derfor kan jeg ikke se det rimelige i kirkens lære. Om den kan begrundes ud fra bibelske tekster, er jeg ligeglad med, for bibelen er en bog, som er skrevet af mennesker. Den er fuld af fejl. Hvis ikke en moralsk norm kan begrundes rationelt, så kan jeg ikke respektere den, og det problem blev ikke mindre, da den tidligere omtalte Torben Riis, fanatisk fortaler for den reproduktive ægteskabsforståelse, blev gjort til redaktør af Katolsk Orientering. Det betød at den højreorienterede tendens, som i flere år havde præget bladet, blev endnu mere udpræget. Interessen for verdens reelle problemer måtte vige for løbende propaganda for kirkens seksuallære med det formål, at opdrage de danske katolikker til de normer, som Paul VI havde fastlagt i sin encyklika. Torben Riis argumenterede ikke rationelt for sine synspunkter, men fremhævede igen og igen, at de var "i overensstemmelse med kirkens lære". Han lagde heller ikke skjul på sin varme støtte til den amerikanske præsident George Bush, som var imod abort. Derfor lød der da heller ikke et kritisk ord, da amerikanerne bombede civilbefolkningen i Irak og Afghanistan og da israelerne gjorde det samme i Gaza. "Målet helliger midlerne" var måske redaktørens holdning, og den var sikkert i overensstemmelse med den tidligere amtsborgmester og æresmedlem af Venstre, Erling Tidemann, som han havde overtaget redaktørposten fra.

Riis havde, som nævnt, ti børn, så ingen kunne være i tvivl om at han og hans kone fulgte de retningslinjer, som Paul VI havde formuleret. Men af en eller anden årsag, holdt man altid redaktørens

volumiøse børneflok skjult, i de portrætartikler, som bladet skrev
om ham. Måske skammede han sig. Eller også kunne han godt se,
at kirkens moralske logik var skrøbelig. På den ene side fik man at
vide, at man ikke måtte anvende præventive midler, da det var
Guds vilje, at man skulle have børn, når man dyrkede sex. Men
samtidig måtte man gerne anvende den såkaldte Billings-metode
("sikre perioder"), som - i følge sine fortalere - skulle være lige så
effektiv som kunstig prævention.

Hvorfor Gud havde så meget imod p-piller, men tillod ægtefæller at
begrænse antallet af børn ved hjælp af "sikre perioder", kunne man
ikke få svar på. En logisk begrundelse fandtes øjensynlig ikke, så
når emnet blev diskuteret, henviste redaktøren til "kirkens tradition"
og det virkede meget lidt overbevisende. Hvis det var syndigt at
undgå børn med p-piller, så var det vel også syndigt at undgå børn
ved hjælp af sikre perioder. Den katolske lære - i Torben Riis's ud-
gave - forekom mig at være utroværdig, og jeg undrede mig over, at
en sådan højreorienteret traditionalist kunne bruges som redaktør af
det katolske blad. Men det var jo biskop Kozons afgørelse.

Der var også andre punkter, som bragte mig i tvivl om visdommen i
den katolske lære. Efter at have overhørt en række diskussioner
mellem kristne og muslimer, må jeg sige, at jeg var i tvivl om rig-
tigheden af universel monogami. Det, at en mand kun må have én
kone er fornuftigt, hvis der er lige mange kvinder og mænd på mar-
kedet. Men i de lande, hvor der er flere kvinder end mænd (f.eks.
efter krig), er monogami ikke den ideelle løsning, da den medfører,
at mange kvinder ikke kan blive gift og dermed ikke kan få børn.
Det er ikke tilfredsstillende for dem selv, og det er ikke hensigts-
mæssigt for samfundet. Men her, som andre steder, er det som præ-
ger den katolske lære det rigide, altså de faste regler, som man altid
skal følge, også selv om disse regler ikke passer til situationen, som
man befinder sig i. Og det er uheldigt. Det forekom mig indlysende,
at der var tider, hvor polygami var at foretrække, og jeg kunne da
også læse i Gammel Testamente, at flere af de jødiske patriarker
havde været polygame. Hvorfor kunne denne mulighed så ikke og-
så stå åben for de kristne? Ikke sådan, at jeg mente at det var aktu-

elt i Europa, men man kunne ikke afvise, at det var den bedste løsning andre steder. Og måske var det bl.a. derfor, at islam vandt frem i visse fattige og krigsramte lande. Den katolske tro er god for de rige europæere, men ikke for andre.

Jeg fandt også andre problemer med den katolske lære om ægteskab. Det at ægteskabet forstås som et sakramente, som gives af parterne til hinanden, skaber usikkerhed. Katolikker kan ikke blive skilt, men de kan få erklæret deres ægteskab ugyldigt. Dette sker f.eks. hvis en af parterne ikke har indgået ægteskabet frivilligt eller hvis man har haft en mental reservation, da man afsagde ægteskabsløftet. Problemet er bare, at ingen af parterne har nogen mulighed for at finde ud af, om den anden har haft en mental reservation, da ægteskabet blev indgået, og derfor er det umuligt for katolikker at vide sikkert, om de er gift eller ej. Er ægteskabet indgået under de ideelle omstændigheder, så er det gyldigt, men hvis den ene part har haft en mental reservation, så er det ugyldigt. Det kan man bare ikke vide, før ægteskabet er prøvet ved en kirkeretslig instans, og det bliver de færreste ægteskaber. Derfor ved katolikker ikke med sikkerhed, om de er gift eller ej, altså i den sakramentale betydning af ordet. De kan tro og håbe på det, men det ved det ikke.

Tvivlen var altså begyndt at melde sig. Ud over de nævnte overvejelser, fandt jeg også andre punkter, som jeg måtte være kritisk overfor. De ti bud f.eks. Burde man altid rette sig efter dem? Nej, det mener jeg da ikke. For mig er det ikke sandt, at man aldrig må lyve (det 8. bud), for der er situationer, hvor det at lyve er den bedste måde at løse et moralsk problem. Det er heller ikke rigtigt, at man ikke må slå ihjel (det 5. bud), for der er situationer, hvor det er nødvendigt. Det passer heller ikke, at man altid skal "vende den anden kind til", for hvis man gør det, så lærer mennesker aldrig at tage hensyn, og der er visse normer, som mennesker må tvinges til at respektere. Alt i alt kan man sige, at den kristne moral består af et antal læresætninger, som kan være til inspiration, men de må aldrig gøres til love. Det må altid være forstanden og den personlige samvittighed, som afgør, hvordan man handler i en given situation. Men desværre har jeg svært ved at se, at det er hvad Kozons redak-

tører af bladet lægger op til. De brugte deres magt til at agitere for
et højreorienteret og trraditionalistisk livssyn, som jeg slet ikke de-
ler. Og der er desværre ikke noget alternativ. I andre lande med fle-
re katolikker, kan man skifte sogn og dermed frigøre sig fra en bi-
skop, som man ikke bryder sig om. Men det kan man ikke i Dan-
mark, da landet er for lille. Her i landet er den katolske kirke i vir-
keligheden slet ikke katolsk, den er en sekt.

* Judæiske overraskelser

Da jeg blev optaget i kirken, vidste jeg ikke så meget om historie,
som jeg ved dag. Men jeg vidste naturligvis noget om 2. Verdens-
krig og jeg lærte i min konvertitundervisning om det sidste store
kirkemøde (Andet Vatikanerkoncil) fra 1962 - 65. Jeg havde bare
ikke den store forståelse for sammenhængen mellem krigen og
koncilet, og slet ingen forståelse for de omfattende ændringer, som
kirken havde gennemgået i tiden efter dette koncil. I dag vil jeg stil-
le spørgsmålstegn ved om den katolske kirke - efter koncilet -
overhovedet kan betegnes som en kristen kirke, men det gjorde jeg
naturligvis ikke, da jeg gik til konvertitundervisning. Tvivlen kom
med tiden, i takt med at jeg fik flere erfaringer, som alle pegede i
den samme retning. Jeg begyndte at tvivle på om det som stod i
trosbekendelsen og som jeg havde lært i konvertitundervisningen,
nu også var det, som kirken rent faktisk troede på. Det ved jeg i
dag, at det ikke er, men det tog lang før jeg fandt ud af det, og det
krævede hårdt arbejde. Jeg har derfor fuld forståelse for det store
flertal af katolikker, som aldrig kommer til den samme erkendelse.
De har hverken tid eller kræfter til at gennemgå den samme lære-
proces, som jeg kom gennemgik, og måske er det også ligegyldigt.
De har det godt, som tingene fungerer nu, og det skal de have lov
til.

Min første oplevelse af at der var noget, som blev skjult for mig, fik
jeg, da jeg deltog i et konvertitkursus på Magleås i 1996. En af un-
derviserne var en vietnamesisk præst, som skulle holde oplæg om
kirkens historie. På et tidspunkt kom han til at sige, at et bestemt
forhold i den kirken, skyldtes "jødernes indflydelse". Dette udtryk

undrede mig, og da vi senere måtte stille spørgsmål, spurgte jeg,
hvad han mente. Jeg var helt sikker på, at præsten udmærket vidste,
at han havde sagt som citeret, og flere af de andre deltagere havde
også lagt mærke til det. Men ikke desto mindre hævdede han nu, at
han ikke kunne huske, at have brugt dette udtryk, og han ønskede i
det hele taget ikke at kommentere spørgsmålet yderligere. Det var
mit tydelige indtryk, at kursuslederen havde givet ham det råd, ikke
at sige mere, og at spille uvidende. Det var måske et godt råd, da al-
ternativet kunne have været en længere diskussion. Men det, som
jeg hæftede mig ved, var det forhold, at præsten overhovedet havde
turdet sige noget sådant. Jeg havde aldrig hørt noget lignende, og
der måtte jo være noget om det, når en præst og oplægsholder hav-
de sagt det. Også selv om han nu pludselig havde glemt det igen.
Det han havde sagt kunne måtte være hans egen holdning, men han
var vel uddannet som katolsk præst, og talte derfor ikke kun på eg-
ne vegne? I hvert fald havde jeg - indtil da - aldrig mødt menne-
sker, som åbent indrømmede, at jøderne havde nogen indflydelse.
Jeg kunne derfor ikke lade være med at spekulere på, hvad det var,
at præsten havde tænkt på. Hvilken indflydelse var det jøderne
havde? Hvad var det, som præsten ikke mere turde tale om?

Næste gang jeg stødte på det jødiske inden for den katolske kirke,
var da jeg var til messe i Lyngby, hvor den lokale sognepræst Nib-
ler optrådte med en kåbe med en blå David-stjerne syet på. Det fo-
rekom mig underligt, at en katolsk præst reklamerede for jøde-
dommen, da denne messe var en fejring af Jesu Korsoffer, altså en
symbolsk gengivelse af det drab, som jøderne havde lavet på Jesus,
og som - efter min opfattelse - var kernen i hele den kristne tro.
Men for Nibler var kristendommen åbenbart ikke særlig forskellig
fra jødedommen, og – som andre – mente han, at man godt kunne
være katolik og jøde på en gang. Den tid, hvor jøderne blev kaldt
for "gudsmordere" var slut, og det som Jesus i Ny Testamente kal-
der for "Satans Synagoge" (Åb. 13/9) var nu blevet en del af den
katolske kirke. Det undrede mig noget, og jeg begyndte at tænke
på, hvornår der var sket denne forandring.

Jeg gik ofte til messe hos Pater Dorn og ellers i Sakramentskirken hos pater Sahner. Begge steder mødte jeg igen og igen det jødiske, som jeg nu havde vænnet mig til at opfatte som en del af det katolske, uden i øvrigt nærmere at tænke over, hvad forskellen engang havde været mellem de to religioner. Jeg mødte flere mennesker, som fortalte mig, at de var jøder og katolikker på samme tid, eller at de var katolikker, som stammede fra en jødisk familie. Og det var jo interessant. For i følge jødisk tro, er man jøde, hvis ens mor er jøde, også selv om man bliver døbt eller - formelt set - tilhører et andet trossamfund. Den slags mennesker kalder man for "kryptojøder", og det forekom mig, at der var en del af disse i den katolske kirke.

Jeg hørte også om den franske ærkebiskop Lustiger, som mange mente kunne blive den nye pave når Johannes Paul II døde. Også han talte åbent om, at han var jøde og katolik på en gang. Og det passede jo godt ind i det jeg lærte i Sakramentskirken, hos den sympatiske pastor Sahner, som kom fra Tyskland. Han fortalte altid om sine rejser til Israel, og om det, som han hævdede var "jødernes lære" om det ene og andet. Altid fik vi at vide, at jødedommen byggede på Toraen (= Gammel Testamente), og at jøder og kristne dermed havde et fælles grundlag for deres tro, hvilket måtte betyde, at de to religioner ikke stod i modsætning til hinanden, men at de nærmest var identiske, når man så bort fra nogle metafysiske spidsfindigheder. Det overraskede mig derfor heller ikke, at pastor Sahner advarede menigheden mod at gå ind og se Mel Gibsons film "Passion of Christ" (2004), som fremstillede Jesu dom, tortur, lidelse og henrettelse ud fra Evangeliets fortælling. Det brød pastor Sahner sig ikke om, for dermed antydede man jo, at jøderne havde været ansvarlige for Jesus død, og den slags skal man passe på med at sige i det Tyskland, som pastoren kom fra.

* Williamson-affæren

Mit endelige brud med den katolske kirke skete som resultat af den såkaldte Williamson-affære. Richard Williamson var biskop i det traditionalistiske Pius X-selskab, som pave Benedikt XVI havde besluttet at genoptage i den katolske kirke. Selskabet var stiftet af den franske ærkebiskop Lefebvre i 1970 som en protest mod de liberale reformer ved Andet Vatikanerkoncil. Selskabet havde, siden sin stiftelse, fungeret udenfor den katolske kirke, i juridisk forstand, samtidig med at dets ledere anerkende paven og kirkens lære, som den fremstod i den katolske tradition. Visse af beslutningerne på Andet Vatikanerkoncil var de imidlertid uenige i, og derfor var de alle blevet ekskommuniceret. Men det var ikke det store problem for selskabet, da de havde flere legitimt viede biskopper, samt masser af unge præster.

I marts 2009 meddelte pave Benedikt XVI, at han havde ophævet ekskommunikationen af det skismatiske selskab, og at han ville indlede forhandler om selskabets genoptagelse som en juridisk enhed i den katolske kirke. Men det var ikke det, som fangede pressens opmærksomhed. Det gjorde det til gengæld, da svensk tv - få dage efter meddelelsen fra Vatikanet - kunne bringe uddrag af et interview, som de havde lavet med en af selskabets biskopper, Richard Williamson. I dette interview gav biskoppen udtryk for, at han ikke troede på historien om de 6 millioner jøder, og at han heller ikke troede på, at Hitler havde henrettet fanger i gaskamre. Hans synspunkt var godt i overensstemmelse med den omfattende revisionistiske faglitteratur, men fakta er, at 99,9 % af verdens befolkning, ikke kender denne litteratur. Mange ved, at den eksisterer, men næsten ingen har læst den. I flere europæiske "demokratiske" lande, er det ligefrem forbudt at læse sådanne bøger, og at udtrykke sådanne synspunkter, og da biskop Williamson befandt sig i Tyskland, da det pågældende interview blev lavet, var der måske basis for retsforfølgelse. Interviewet var optaget i efteråret 2008, så meget tydede på, at den svenske TV-producent med vilje havde ventet med at offentliggøre det til denne særlige lejlighed. Og det virkede.

Historien blev spredt over hele verden, og sjældent har jeg set et mere tydeligt eksempel på at den tidligere omtalte vietnamesiske præst, som engang havde chokeret mig ved at henvise til "jødisk indflydelse", havde haft ret. Det var tydeligt, at de kræfter, som styrer den internationale presse, ikke har den store kærlighed til den

katolske kirke, i hvert fald ikke i den form, som den havde inden
Andet Vatikanerkoncil, og som Richard Williamson var eksponent
for. Selv kunne jeg dog kun føle respekt for denne mand, som så
modigt havde sagt sin mening, vel vidende, at det kunne koste ham
en høj pris. Og det gjorde det. Han blev fyret fra sit job som leder
af et præsteseminarium, og han blev udvist fra Argentina, hvor han
havde boet i mange år. Paven og en række tyske kardinaler og bi-
skopper fik travlt med at forsikre verden og den judæisk kontrolle-
rede presse i USA, at katolikker naturligvis "tror på Holocaust". Al-
lerede en uge efter at Williamsons interview var blevet offentlig-
gjort, holdt paven møde i Vatikanet med de jødiske ledere fra USA.
Han kunne naturligvis forsikre dem om, at samarbejdet og det
trosmæssige fællesskab med jøderne var en af nøglepunkterne i den
katolske lære. Det lagde en dæmper på de katolske biskopper i
Tyskland og andre steder, og deres krav om pavens afgang blev
trukket tilbage.

I løbet af den ophidsede debat slog den tyske pave flere gange fast,
at den katolske kirke fuldt og fast troede på Holocaust og de 6 mil-
lioner dræbte jøder. Flere katolske biskopper og kardinaler, samt
Vatikanets ambassadør i Israel, udtalte tilmed, at "man kan ikke
være katolik, hvis man ikke tror på Holocaust". De såkaldte holo-
caust-benægtere måtte altså gøre sig klart, at de ikke var katolikker,
også selv om mange af disse, faktisk var født og opvokset i et ka-
tolsk miljø (f.eks. Robert Faurisson og Germar Rudolf).

Og her er vi så ved slutningen af historien, for selv er jeg ganske
enig med Richard Williamson. Jeg har brugt mange år på at studere
hitlerisme og den dertil knyttede holocaust-historie, og jeg er fuldt
overbevist om, at denne - som så mange andre propagandistiske be-
skrivelser fra krigen - hviler på usandhed. Jeg føler ingen trang til
at sige noget godt om nazismen, men jeg foretrækker at kritisere
Hitler for det, som han gjorde, frem for noget, som han ikke gjorde.
Det er krigens sejrherrer, som skriver historien, men det er ikke det
samme som at denne sejrherre altid har ret. Så jeg er enig med bi-
skop Williamson, men har i øvrigt svært ved at se, hvad hans og
mine synspunkter på 2. Verdenskrig har at gøre med den katolske

tro. Der står intet om Holocaust i bibelen, i kirkens dokumenter, i trosbekendelsen eller i den katolske katekismus. Hvordan kan officielle repræsentanter for paven så sige, at man ikke kan være katolik, hvis man ikke tror på Holocaust? Hvad har disse to ting med hinden at gøre?

Som tidligere nævnt, er jeg opmærksom på, at den katolske kirke, i tiden efter 2. Verdenskrig, har lagt sin lære og filosofi om. Nu er der ingen reel forskel på jøder og katolikker, og for de zionistiske jøder er historien om Holocaust det grundlæggende "mysterium", som man skal tro på. For zionismen, og for racismen i Israel, er historien om Holocaust lige så vigtig, som historien om Jesu korsfæstelse er for de kristne. Uden denne historie var der ingen katolske kirke. Men til forskel fra jøderne, så tvinger vi kristne ikke tilhængerne af andre religioner til at tro på den kristne mytologi. Den holder vi selv for os selv, og vi giver andre lov til at tro det, som de nu finder sandt. Det er derfor svært for mig at forstå, hvorfor absolut skal tvinge alle andre til at tro på deres mytologi og historieforståelse. Hvad er problemet med at Williamson og cirka 10 % af den vestlige verdens befolkning og 50 % af muslimerne ikke tror på gaskamre og 6 millioner? Hvorfor skal alle tro det samme? Er vanskeligheden den, at jøderne ikke selv fuldt ud tror på den dæmoniske historie? Eller handler det om, at man gerne vil sikre historien om Holocaust, fordi at denne fungerer som moralsk dække for de krigsforbrydelser, som USA og Israel begår og for de områder, som de har besat? Jeg ved det ikke, men alle erfaringer siger, at de jødiske interesseorganisationer arbejder flittigt for at begrænse ytringsfriheden i de lande, hvor de har indflydelse. De hævder at gå ind for demokrati, men forudsætningen for demokratiet - ytringsfriheden - kan de ikke lide.

Biskop Kozon udmærkede sig ikke særligt i denne debat. Han var i TV et par gange, hvor han bekræftede kirkens tro på Holocaust, og tog afstand fra Richard Williamson. Jeg skrev derfor en lille artikel og et læserbrev til Katolsk Orientering. Her gjorde jeg opmærksom på, at Pius XII - lige som Richard Williamson - heller ikke troede på det, som i dag kaldes for Holocaust. Selv om han flere gange protesterede imod nazismen, så nævnte han aldrig noget om bevidst masseudryddelse, gaskamre eller 6 millioner dræbte jøder, som man må gå ud fra, at han ville havde kendt til, hvis det rent faktisk var sandt. Polen er jo et katolsk land, og kommandanten og mange af vagterne i Auschwitz var katolikker. Jeg gjorde også opmærksom på, at den jødiske rabbiner Benjamin Blech i 2001 udgav en bog med titlen "The secret of Hebrew words" og hvor han viste, at tallet "6 millioner" stammer fra den hebraiske originaltekst til 3. Mosebog (kap. 25/10), og dermed ikke kan være andet end en myte. Men ingen af de to tekster ønskede Katolsk Orientering at bringe. Man foretrak den - for jøderne - hellige mytologi, som nu åbenbart også skal være forpligtende for katolikkerne. Og det skal ses i relation til den kendsgerning, at adskillige katolske biskopper i de seneste 30 år har givet til kende, at de ikke troede på at historien om Jesus var historisk korrekt. Læs f.eks. "Den Hollandske Katekismus", som gør det helt klart, at jomfrufødslen er en myte. Den slags kalder man for "narrativ teologi" og man kan læse i den pavelige bibelkommissions skrifter, at det er fuldt tilladt at have sådanne synspunkter i den katolske kirke. Men det samme gælder åbenbart ikke, når det drejer sig om Holocaust. Her må man ikke tale om myter, for her er det helligt for jøderne. Det er en del af den vestlige verdens moralske selvforståelse. Eller selvindbildning, burde man måske sige. Den katolske kirkes læremyndigheder tror altså mere på jødisk historieskrivning end på Evangeliet, og man kan derfor spørge sig selv, om kirken stadig kan kaldes kristen.

Selv mener jeg, at svaret er "nej", hvis ordet skal forstås i sin oprindelige betydning. Katolikkerne er ikke mere kristne, og det samme kan siges om de evangeliske zionister i USA, som har så stor en indflydelse på den amerikanske udenrigspolitik. Den fornemmelse, som jeg fik kort efter min indmeldelse i kirken, viste sig altså at være sand. Der var noget, som blev holdt skjult for mig, noget som jeg ikke måtte vide. Jeg er derfor glad for min mentale reservation, for når kirken skjuler sin lære for mig og andre kristne, så har vi naturligvis også lov til at skjule vores tro for den. Når man ikke har lov til at sige, hvad man mener, så er man nødt til at lyve, og det er det, som kirken tvinger sine medlemmer til.

Formelt har jeg ikke meldt mig ud, men jeg går ikke mere til messe og deltager ikke i kirkens aktiviteter. Jeg synes at kirken er fordummet og at dens leder er uværdig. Det undrer mig ikke, at paven undlod at besøge de kristne i det besatte Gaza, da han i foråret 2009 var på besøg i Israel. Til gengæld havde han masser af tid til at besøge det israelske holocaustmuseum Yad Vashem. Det viser, hvad paven tror på og hvad han ikke interesserer sig for. På det nævnte museum lægger man ikke skjul på, at jødernes fjender - både i fortiden og i nutiden - er de kristne. Kommandanten i Auschwitz (Rudolf Höss), var, som nævn, katolik, og ingen læremyndighed truede ham med hverken ekskommunikation eller andre sanktioner. Hvis Holocaust i den jødiske fortolkning er sandt, så er den katolske kirke i højeste grad medansvarlig, og det i en sådan grad, at der er god mening i Elie Wiesels ord om det, som døde i Auschwitz ikke var jøderne, men den kristne religion.

Man har et problem i den katolske kirke, og måden man forsøger at løse det på, er utroværdig. Selv ønsker jeg ikke at bruge tid og at investere penge i denne organisation, som jeg opfatter som pinlig. Jeg konverterede til den katolske tro, fordi jeg kunne tilslutte mig det katolske menneskesyn og den katolske moral. Fordi jeg er antiracist, ikke tror på en Gud, som beriger sit udvalgte folk på andres bekostning. Men jeg har også indset, at det - desværre - ikke er denne lære, som den katolske kirke bekender sig til efter Andet Vatikanerkoncil. Jeg er tilhænger af dette koncils lære om at alle kan komme i himmelen (også muslimer), og jeg kan lide den moderne liturgi. Men bortset fra det, så har jeg svært ved at finde noget godt at sige om den kirken i dag. Den virker som et halehæng til en anden religion, og dermed som værende aldeles overflødig.

Intet varer evigt, men den regerende pave kommer fra Tyskland, så fra ham skal vi nok ikke vente nogen forandring fra. Udsigterne til genetablering kirken, som en kristen organisation, er derfor lange. Måske sker det aldrig, og vi må blot konstatere, at endnu en af den moderne verdens aktører har måttet overgive sig til de kræfter, som i forvejen kontrollerer medierne og det politiske liv i den vestlige verden. Hvor kirken engang var centrum for opgøret med jødedommen, så er den i dag centrum for kritik af islam. Kirkens forfald giver sig udtryk i almindeligt frafald fra den kristne tro, hvilket bl.a.. ses i det faktum, at antallet af aborter i verdens mest katolske land - Italien - er blandt de højeste i verden. En række pædofiliskandaler blandt katolske præster har desuden vist, at kirken end ikke er i stand til at overbevise sine egne ansatte om de kristne idealer. Og det er nok ikke så mærkeligt, for hvem kan tro på en kirke, som end ikke tør diskutere sin egen historie. I Tyskland, og flere andre europæiske lande, er det forbudt at tvivle på Holocaust, og det protesterer kirken ikke over. Pius XII ville være blevet sat i fængsel, hvis han havde levet i et af disse lande i dag. Men ikke desto mindre søger katolikkerne, at gøre ham til helgen. Dobbeltmoralen kender ingen grænser. Richard Williamson må ikke fungere som biskop i denne kirke fordi han ikke tror på historien om gaskamrene, men Benedikt XVI må gerne være pave, selv om han har været medlem af Hitler-jugend og soldat under Hitler. Det er altså værre at tvivle på Holocaust, end det er at være medansvarlig for dets udførelse !

Logikken kan være svær at følge, men som med så meget andet, så siger katolikkerne sikkert, at det er et "mysterium". Og her giver den tidligere omtalte Elie Wiesel, vor tids mest kendte Holocaustprofet dem nok ret. Han udtalte på et tidspunkt, at der var historiske hændelser, "som ikke var sket, men som alligevel var sande. Og andre hændelser, som var sket, men alligevel ikke sande". For katolikkerne er Holocaust nok en af disse hændelser. Men for mig forholder det sig anderledes. Det eneste mysterium jeg kan få øje på er, hvordan mennesker, som kalder sig kristne, kan forråde den korsfæstede Jesus så groft, som den tyske pave og hans tilhængere er i færd med. Den eneste trøst jeg har, er den man finder i det gamle visdomsord om at "man kan snyde nogle mennesker altid og alle mennesker en gang imellem. Men man kan ikke snyde alle mennesker altid". Jeg håber, at det også gælder i den katolske kirke.

3. ÉN PAVE TO KIRKER

Da jeg i 1995 gik til undervisning hos en katolsk nonne fordi jeg
ville optages i den katolske kirke, efterlyste jeg flere gange en tekst,
som i kortfattet form kunne fortælle mig, hvad katolikkerne tror på.
Men det var ikke så let at tilfredsstille mit ønske. Ganske vist havde
man dokumenterne fra det sidste kirke-koncil, men de fyldte ca.
500 sider og omhandlede en række ting, som ikke mere var helt ak-
tuelle, da koncilet var sluttet for 30 år siden. Jeg kunne også læse
kirkens katekismus, som netop var udkommet på norsk, men den
bestod af 2.600 paragraffer, og var lidt for omfangsrig. Så var der
selvfølgelig bibelen, men min lærerinde gjorde mig klart, at kato-
likker ikke ukritisk "tror på bibelen" lige som visse protestanter gør.
For katolikker er det traditionen og kirkens lære, som er i centrum,
at bibelen er mere at forstå som en historisk kilde til denne lære.
Der er derfor meget i bibelen, som katolikkerne ikke tror på, i hvert
fald ikke, hvis det skal tages bogstaveligt. Paulus mener f.eks. at
kvinder ikke må tale i forsamlinger, og flere af profeterne i Gam-
mel Testamente anbefaler mord og krig på det hellige folks mod-
standere. Det tror man ikke på.

Men hvad tror man så på? Jeg fik at vide, at jeg kunne læse trosbe-
kendelsen, så ville jeg få et godt indtryk af, hvad katolikkerne tror
på, og det råd fulgte jeg. Her havde man en kortfattet formulering
af kirkens lære, og selv om mange af sætningerne i denne erklæring
lød mærkelige og ikke helt let forståelige, så var der dog et ud-
gangspunkt. Så var spørgsmålet bare om denne erklæring skulle
tolkes symbolsk, metaforisk eller bogstaveligt, og det kunne jeg ik-
ke få noget klart svar på, så jeg slog mig til tåls med den opfattelse,
at det måtte man nok selv bestemme. Hvis man bare kunne afsige
troserklæringen, uden at føle at man talte usandt, så var man katolik
og tilhænger af den katolske tro.

I de kommende år fandt jeg ud af, at spørgsmålet om hvad katolik-
kerne tror på, ikke kun var svært at besvare for min lærerinde, men
at dette spørgsmål var et af hovedtemaerne i al katolske debat. Der

var mange forskellige synspunkter, kunne jeg forstå, og i sidste ende har hver katolik sin egen opfattelse, fik jeg indtryk af, og denne
opfattelse er ikke nødvendigvis i overensstemmelse med det, som
andre mente var "kirkens lære". I det hele taget var dette begreb
”kirkens lære” i sig selv en del af striden. Nogle troede på det og
andre gjorde ikke. Men det gjorde måske ikke noget, så længe de
forskellige retninger stadig - trods alt - var så enige, at de kunne
deltage i den samme messe. For det er messen, gudstjenesten, er det
centrale i den katolske kirke, og de som ikke kan eller vil deltage i
denne ceremoni, kan ikke fuldt ud regne sig selv som værende katolikker. Det som katolikkerne tror på, lærte min lærerinde mig, er
det som siges i messen, og alt det andet er at betragte som private
synspunkter, som man selv kan bestemme om man vil tro på eller
ej.

Jeg fandt efterhånden ud af, at der var en vis systematik, og at katolikkerne i store træk kan deles op i to retninger, som formelt tilhører den samme kirke, men som i praksis er meget forskellige. Disse
to retninger mener forskellige ting om den kristne moral, messens
liturgi, de andre religioner, moral, pavens rolle, jøderne og om kirkens rolle i den moderne verden. Det at være aktiv katolik er derfor
at deltage i en evigt kørende debat om disse og andre emner, som
relaterer sig til det spørgsmål, som jeg startede med at stille min lærer: Hvad tror katolikkerne på? Det var ikke kun mig, som var i
tvivl om dette, det var hun også. Og kirken i det hele taget.

Som årene gik viste erfaringen mig, at den katolske tro og dens tilhængere kan opdeles i to hovedstrømninger, som er i en helt afgørende modsætning til hinanden, som derfor regner hinanden for at
være kætterske, gammeldags og umoralske og som hver for sig ønsker at erobre kirken og - hvis det er muligt - at lukke de andre ude.
Mine erfaringer i årene der gik, har også vist, at jeg selv har været
påvirkelig. I starten af min katolske karriere var jeg klart mest under påvirkning af den ene retning, de liberale, medens jeg i løbet af
tiden blev stadig mere orienteret mod den traditionalistiske. Selv
oplevede jeg dette som en læringsproces, og jeg opfatter de alt for
liberale katolikker som værende naive, ukristne og judaistiske. Til

gengæld er jeg også sikker på, at mange af disse opfatter mig som værende konservativ og antisemitisk. Og det mener jeg naturligvis er helt forkert, lige som de (liberalisterne) sikkert mener, at mit indtryk jeg har af dem er urigtigt.

I det følgende skal vi dog ikke beskæftige os med mine personlige erfaringer, for jeg vil forsøge at beskrive de to gensidigt modstridende tolkninger af katolsk tro, som jeg har mødt i kirken. At tilhængerne af disse retninger gensidigt foragter hinanden og forsøger at lukke hinanden ude, skyldes deres forskellige forståelse for en række afgørende spørgsmål af moralsk, teologisk og historisk art, og det er disse spørgsmål, som vi vil beskæftige os med.

Måske er jeg ikke en helt neutral iagttager, men på den anden side er det heller ikke min opgave at dømme hvilken af de to beskrevne retninger, som er den rigtige. Jeg forsøger at beskrive dem så godt jeg kan, og så kan læseren selv kan danne sig sin egen mening. Selv kan jeg sige, at jeg ikke entydigt tilhører hverken den ene eller anden af disse retninger, men jeg har mødt andre, som – efter min mening - var lette at sætte i bås. Som det altid gælder i konflikter, er alene spørgsmålet om hvad den ene og anden fløj i striden skal betegnes som, er genstand for uenighed. Man kan kalde de to tendenser for liberalister og traditionalister. Men man kan også betegne dem som værende humanister og fundamentalister, venstre- og højreorienterede, anarkister og moralister eller filosemitter og antisemitter. Hvert af disse begrebspar siger noget sandt om den modsætning, som er mellem fraktionerne, men man skal være klar over, at den indbyrdes modsætning mellem tilhængerne af de to fløje ikke er så stor, at de ikke befinder sig inden for rammerne af den samme kirke. Alle har de den samme pave, men der er betydelig forskel i, hvordan de tolker deres forhold til denne mand i Vatikanet.

Valget af betegnelse for de to fløje og den måde man karakteriserer dem, siger noget om, hvor man selv står, for ord er ikke neutrale. Ingen af de nævnte betegnelser er dækkende for det fulde indhold af de to trosretninger, men alle siger de noget sandt. Egentlig burde

jeg vælge at betegne dem med numrene 1 og 2, da dette ville lyde
neutralt, men det ville også virke lidt kunstigt. Derfor vælger jeg i
stedet at bruge betegnelserne "liberalister" og "traditionalister".
Hvad du selv vil vælge at kalde de to retninger, må du afgøre når
du har dannet dig et indtryk. Sagen er jo, at det som er væsentlig er
indholdet. Det handler om hvad den katolske tro går ud på, og hvad
den burde gå ud på. Spørgsmålet er, om der i dag eksisterer én sam-
let katolsk kirke, eller om det er mere rigtigt at tale om to? Det sid-
ste tror jeg selv, og det håber jeg. For jeg vil ikke bryde mig om at
skulle underordne mig et flertal, som jeg ikke bryder mig om. Jeg
anerkender, at der kun er én pave i Rom, men jeg anerkender ikke,
at denne pave - eller andre kirkelige autoriteter - altid siger sandhe-
den. Det har historien og mine egne erfaringer lært mig ikke er til-
fældet. Splittelse er derfor ikke kun noget dårligt, for det fører til
debat og afklaring. Hvis kirken skal bevæge sig og ikke blot forste-
ne i en fortidig form, er det nødvendigt at åbne op for den debat,
som herværende skrift lægger op til. Men mange ønsker hellere at
beskytte deres magt og den forestilling, at den kirkelige autoritet er
ufejlbarlig. Det hævder den at være, når den udtaler sig om metafy-
siske dogmer, men ud over dette, så er den lige så fejlbarlig som al-
le andre autoriteter. Men desværre er det ikke alle katolikker, som
har modet til at se dette i øjnene. Og hermed overgår vi så til be-
skrivelsen af katolicismens to hovedretning, som de tager sig ud her
i begyndelsen af det tredje årtusinde. Det man strides om er følgen-
de:

* Messen og dens formål

Liberalisterne mener, at formålet med den katolske gudstjeneste -
først og fremmest - er det sociale fællesskab mellem kirkens med-
lemmer. Gudstjenesten skal derfor foregå i en liturgisk form, der
minder om en cirkel, hvor præsten og messens øvrige deltagere ser
hinanden og kan kommunikere med hinanden. Det er dog ikke kun
for at møde hinanden, at man går til messe, for også Guds ord og
sakramentet har en betydning. Præstens prædiken er en slags mo-
ralsk oprustning, og det er derfor afgørende, at han har ordet i sin
magt. Og sakramentet fungerer som en slags fixpunkt, som de tro-

ende mødes omkring for at høre prædiken og at møde hinanden. Troen på Guds tilstedeværelse i sakramentet - efter liberalisternes opfattelse - en måde at skabe emotionel befrielse for de troende og dermed at give dem psykologisk udbytte af kirkegangen. Liberalisterne er naturligvis, som alle andre, tilhængere af læren om brødets forvandling til Kristi Legeme (transsubstantiation), men regner ikke denne lære for særlig vigtig. De mener, at det er et udtryk for tomt skolasteri, hvis man skelner mellem den lutherske og den katolske sakramentslære, og de mener derfor også, at alle kristne - uanset om de er katolikker eller ej - skal have adgang til at deltage i nadveren.

Traditionalisterne mener, at formålet med messen er at tilbede Gud, og ikke i væsentligt omfang at møde eller at kommunikere med hinanden. Det forvandlede bød - Kristi Legeme - kan indtages lige godt i og udenfor kirken, for sakramentet har en helbredende virkning på dem, som modtager det. Deltagerne i messen vender ansigtet den samme vej, nemlig frem mod sakramentskapellet og det moderne liturgiske håndtryk (fredshilsen) forekommer ikke. Til gengæld hævdes det, at sakramentet har en frelsende virkning for de troende, som minder om den virkning, som medicin har på syge mennesker. Hvorfor det virker så godt, er man ikke klar over, for det er et mysterium. Men uden jævnlig indtagelse af den konsekrerede hostie, kan man slet ikke leve. Traditionalisterne understreger betydningen af brødets forvandling og det hellige indhold i nadveren. Man mener at den lutherske lære, som afviser transsubstantiationen, er kættersk og at ikke-katolikker ikke bør have adgang til at modtage Kristi Legeme.

* Økumeni

Liberalisterne mener, at alle kan komme i himmelen, og at der derfor ikke er nogen særlig årsag til at lade sig døbe eller at konvertere til den katolske tro. Dåben er ikke en nødvendig forudsætning for frelsen, og det er ikke muligt at betegne den ene religion som værende mere autentisk eller gudsnær end den andre. Man afgrænser sig sædvanligvis stærkt fra islam, som man mener er voldelig og

kvinde-diskriminerende, og man hævder at denne religion er en
fælles fjende for kristne og jøder. Man foretrækker religion som ik-
ke har en autoritær en ledelse eller alt for fast definerede dogmer.
Derfor mener man sædvanligvis, at protestantisme er en lige så god
form for kristendom som katolicismen. Lutheranere er ikke kættere,
men blot kristne af en anden nuance end katolikkerne. Derfor giver
konvertering fra de protestantiske sekter og til den katolske kirke
heller ikke den store mening, da det ene er lige så godt som det an-
det.

Traditionalisterne mener, at frelsens mulighed udelukkende, eller
først og fremmest, ligger i den katolske kirke. Man mener, at Jesus
har ret, når han kræver dåben og indtagelsen af nadveren som for-
udsætning for at mennesker kan komme i himmelen. Traditionali-
sterne ser ikke noget væsentligt formål med økumenisk arbejde, da
dette ofte fører til det falske indtryk hos deltagerne, at den ene reli-
gion er lige så god som de andre. Og det mener man ikke er sandt.
Det kan i hvert fald ikke være katolikkernes opgave at lave reklame
for ikke-kristne trosretninger og hvis man skal deltage i nogle for-
mer for økumenisk aktivitet, må det derfor udelukkende være med
det formål at omvende de øvrige deltagere, som endnu ikke har set
sandheden i Jesus Kristus og den katolske kirke.

* Jomfru Maria

Liberalisterne har et uafklaret forhold til Jomfru Maria, som man
ikke er alt for glad for at kalde "Guds Mor". Dels er der en tendens
til arianisme blandt liberalisterne, altså troen på at Jesus var bare
menneske, og dels regner man den teologiske lære om opstandelse
og syndfri fødsel for at være en slags myte eller overtro, snarere
end historisk realitet. Det er i øvrigt ikke ualmindeligt, for de libe-
rale, at regne hele den katolske tro for at være en slags hellig poesi
og dermed læren om Jesus, som Gud søn og om opstandelse og
himmelfart, for at være en from fortælling uden basis i den histori-
ske virkelighed. Derfor er man ikke begejstret for læren om Jomfru
Maria som Guds Mor, da den antyder, at Jesus ikke bare var et
menneske. I de liberale kirker vil man derfor ofte se, at statuer af

Maria enten er helt fraværende, eller at de er erstattet af modernistiske malerier eller renæssancerelieffer med uklar relation til den hellige moder, som man dermed overlader det til de troendes egen fantasi at sætte billede på. I reglen bryder præsten sig slet ikke om, at
de troende bruger for megen tid på den Hellige Jomfru, for alt hvad
denne helgen gør er jo at henvise til sin Søn, siger man, og derfor
kan man lige så godt bede direkte til ham. Heri er de enige med
protestanterne.

Traditionalisterne elsker Maria, som de gerne betegner som Guds
Mor. De anser hende for at være kirkens fælles moder og lærer og
al teologi er blot en fattig erstatning for den sande mariologiske tro.
Der er traditionalister, som elsker Maria så højt, at de ser hende
som værende knyttet til Treenigheden selv, men sædvanligvis bliver hun dog kun opfattet som udtryk for det kærlige, det moderlige
og dermed for det bedste i kvinden, i familien, og - i videre perspektiv - i kirken. Da man ikke mener, at studiet af teologi i sig selv
er en gavnlig beskæftigelse, henviser man ofte de troende til bønnen alene, og intet er mere relevant end det at bede til Jomfru Maria. I kirker med traditionalistisk indstilling, vil der derfor altid være en smuk og realistisk Maria-figur, og gerne ikoner med kunstnerisk visning af den skønne Guds Mor, som de troende elsker at
knæle for og bede til.

* Lutheranisme

Liberalisterne mener at lutheranismen er en uheldig afvigelse fra
den katolske tro, men at denne lære grundlæggende er sand. Man
mener ikke, at der er principielle modsætninger mellem katolsk og
luthersk tro, og ikke sjældent hævdes det, at det mest var den romerske paves fejl, som skyldes at reformationen fandt sted. Lutheranismen interesserer sig ikke for succession, man har kvindelige
præster og mener ikke, at menneskers synd er af en sådan art, at
den kan fjernes gennem skriftemål. Man afviser også bod, aflad og
religiøse pilgrimsrejser og mener at mennesket kun i begrænset udstrækning har en fri vilje. Alt dette, måske minus læren om den
"trælbundne vilje" er liberalisterne enige i.

Traditionalisterne mener, at der er afgørende forskel mellem katolsk og luthersk tro, og at de to trosretninger adskiller sig sådan fra hinanden, at der kræves op mod et års undervisning og katolsk praksis for den angrende protestant, for at han kan blive optaget i den katolske kirke. Traditionalisterne foretrækker at kalde mennesker, som overgår fra lutherske kirker til katolske for "konvertitter", selv om dette ord er forsvundet fra kirkens officielle sprogbrug. I dag anerkender kirken sædvanligvis dåben i de lutherske menigheder (i hvert fald i Danmark), og der kræves derfor ikke gendåb for at blive optaget. Men mange traditionalister vil mene, at dette alligevel vil være en god ide. For sakramenterne har en nærmest magisk virkning, og det at leve med en ikke-gyldig dåb, er derfor en alvorlig ting. I sidste ende kan det forhindre den troendes adgang til himmelen.

* Moral

Liberalisterne mener at kirken først og fremmest er udtryk for en kulturel tradition og at den skal tjene som socialt samlingspunkt for sine medlemmer. Man anerkender, at kirken har moralske normer, men mener ikke at disse har en forpligtigende karakter. De fleste liberale mener derfor, at skilsmisse og gengifteri kan tillades, og mange mener også, at kirken ikke skal beskæftige sig med abort, da dette område må være kvindens private valg. Det afgørende bud i liberalisternes moral er det dobbelte kærlighedsbud, som siger at man skal elske sin næste som sig selv. Men hvad denne kærlighed i praksis går ud på, er der uenighed om. Man hævder sædvanligvis, at man er tilhængere af ligestilling og tolerance og af menneskers ret til at være forskellige. Og dette ideal om ligestilling fører til, at man gerne ser, at der kommer kvindelige præster i den katolske kirke, at alle får ret til kommunion og at kirken ser de andre religioner som værende ligestillede med den katolske. Kristendommen er - efter liberalisternes opfattelse - en slags moderniseret jødedom, og den jødiske moral er derfor i høj grad identisk med den katolske. Den talmudiske tænkning og Talmud i det hele taget, kender de liberale ikke noget til, da man forestiller sig at jødisk tro alene kommer fra Toraen (= Gammel Testamente). Men forestiller sig derfor, at den jødiske moral og livsopfattelse er nogenlunde identisk med den kristne, og jøderne kalder man derfor for de kristnes "ældre brødre". Sædvanligvis mener man, at menneskers seksuelle problemer løses bedst ved hjælp af prævention og kondomer. Man forestiller sig tilmed, at de sidstnævnte vil kunne løse aids-problemet i Afrika, hvilket man går meget ind for, da elendigheden i de fattige ulande gerne ses som værende meget mere interessant at beskæftige sig med end de moralske problemer i ens egen verden. Måske fordi man mener, at disse egentlig slet ikke eksisterer.

Traditionalisterne mener, at den katolske moral adskiller sig fra den jødiske og at den skal tages alvorligt. Man interesserer sig især for de seksuelle normer. Her er det afgørende, at sex udenfor ægteskabet er forbudt og at ægtefolk ikke må anvende kunstig prævention. Man er imod kondomer, som man ikke mener er sikre, og som man mener er med til at reducere den ægteskabelige glæde ved sexlivet. Ægteskabet har til formål at få børn, og ægteskaber uden børn, er derfor mere eller mindre meningsløse. Traditionalister vil derfor sjældent anbefale giftermål uden det formeringsmæssige perspektiv. Man mener at den katolske lære er i modstrid med den sekulære forestilling om ligestilling, og man går derfor ikke ind for kvindelige præster eller fri adgang til sakramenterne. Man mener at kirken skal have en opdragende rolle for de troende, og at enhver må være indstillet på at ofre og at frasige sig personlige glæder, for at få det fulde udbytte af den katolske tro. I sidste ende er det dem, som følger læren og som holder de seksuelle bud, som får mest ud af livet, og man mener således at begrebet "offer" er et nøglebegreb, ikke kun til at forstå messens indhold, men også til at forstå de katolske idealer i det hele taget.

* Humanae Vitae

Liberalisterne forholder sig kritisk til alle pavelige encyklikaer, og de bryder sig især ikke om Humanae Vitae, som blev udgivet af Paul VI i 1968. I denne encyklika hævdes det, at formålet med det katolske ægteskab alene er at få børn, at prævention er synd og at det cølibatære liv er mere helligt end livet i ægteskabet. Liberalisterne har svært ved at finde belæg for disse synspunkter i bibelen, og især i den sunde fornuft. Man afviser, at der skulle være tale om traditionel katolsk lære, da denne lære i så tilfælde også ville kunne findes i den Ortodokse kirke, og det gør den ikke. Liberalisterne mener derfor, at Humanae Vitae er udtryk for kirkens ambitioner om at blive en magtinstitution, og at man derfor helliggør alt, som er med til at forøge produktionen af børn. Når paven ikke kan konvertere hele verden til den katolske tro, så forsøger han at erobre så meget som muligt ved at sikre den katolske mangfoldiggørelse. Men forbuddet mod prævention er ren dobbeltmoral, for tilhængerne af det præventionsløse ægteskab anbefaler samtidig brugen af den såkaldte "Billing-metode", som de kalder for "naturlig prævention". Brugt på den rigtige måde, hævdes denne metode at være lige så effektiv som andre præventionsformer, så traditionalisterne har svært ved at forklare, hvorfor de troende ikke i stedet må bruge p-piller.

Traditionalisterne mener, at Humanae Vitae er en særdeles fin skrivelse, som de gerne ser udbredt meget mere, og som de opfordrer præsterne til at medtage i deres prædikener. De mener, at formålet med ægteskabet er mangfoldiggørelse, og at denne mangfoldiggørelse er en pligt og et offer, som ægteskabets parter påtager sig. I det hele taget er den traditionalistiske verdensopfattelse meget rettet imod ægteskabet, som man mener er den næstmest hellige livsform en katolik kan føle sig kaldet til. Mest hellig er naturligvis præstestanden og lavest af alle er de, som hverken er gift eller præster. Hvad sådanne mennesker overhovedet skal bruges til i den katolske kirke, er nok et åbent spørgsmål, men da kirken hævder at være åben for alle, bliver de naturligvis ikke smidt ud.

* Korsfæstelse og messeoffer

For liberalisterne spiller Jesu korsfæstelse ikke den store rolle. Jesus er nærmest en slags moralsk idealfigur, som lærte katolikkerne, at man skal "elske sin næste". Dette budskab finder liberalisterne meget berigende, og derfor føler de ikke noget behov for at dyrke lidelsen, korsfæstelsen eller det såkaldte messeoffer. Sidstnævnte henviser til den katolske forestilling om, at man er deltager i Jesu offer på Golgatha, når man deltager i den katolske messe, og at man derved får del i den nåde og frelse, som dette offer førte med sig. For liberalisterne er dette perspektiv nærmest forargeligt, da frelsen ikke kommer gennem Jesu korsfæstelse, men gennem menneskets egen frie handling i egen interesse. De liberale præster i kirken advarede derfor menigheden mod at se Mel Gibsons Jesus-film ("Passion of Christ", 2004), da denne i særlig grad fokuserede på lidelsen og på offer-aspektet og tilmed hævdede (i overensstemmelse med Evangelierne), at det var jøderne, som krævede Jesus korsfæstet. Det bryder de liberale sig ikke om at høre, da de føler sig tæt knyttet til jøderne. Derfor foretrækker de andre Jesus-film, hvor korsfæstelsen vises i symbolsk form, og hvor Guds Søn fremstilles som moralprædikant, tryllekunstner og sex-symbol.

Traditionalisterne lægger vægt på, at den katolske tro handler om offer. Det er Kristi offer, som har frelst verden, og det er hvert enkelt menneskes vilje til at ofre sig selv, som fører til frelsen. Al moral handler om offer, og derfor er der så få, som virkelig ønsker at bekende sig til, eller at følge, den kristne tro. Messeofferet giver de troende del i kirkens ophobede fortjenester, og er dermed linjen fra Kristus selv til den enkelte katolik i den moderne verden. Der er derfor også en uovervindelig modsætning mellem den moderne verden og den katolske tro, for det moderne handler om nydelse og personlig fremgang, medens det katolske handler om offer, fornedrelse og efterfølgelse. Lige som Jesus ofrede sig selv, er enhver kaldet til at give et offer. Det er den eneste vej til frelsen, og denne frelse kan derfor kun findes i kirken, og ikke udenfor.

* Aflad

Liberalisterne afviser i det store og hele begrebet aflad, som man mener er et levn fra tiden før reformationen. Tanken om at man skulle kunne konvertere boden for sine synder til noget andet, er forkert, og helt absurd bliver det, når kirkens biskopper og paven uddeler generel aflad til mennesker, som gør den ene eller anden fromhedsgerning, som f.eks. at besøge en kirke eller at deltage i et korstog. Liberalisterne mener, at kirkens lære om aflad har sin rod i behovet for at skaffe penge til bygning af Peterskirken eller andre religiøse formål. Der er intet belæg for afladslæren i bibelen, og med sin almindelige forstand kan man regne ud, at denne lære kan virke legitimerende for synden og gøre de troendes bod i skriftemålet ren illusorisk, da det - for nogle - er en smal sag at udføre de fromhedsgerninger, som kirkens myndigheder hævder giver aflad, medens det for andre, er nærmest umuligt. Den middelalderlige lære om at man kan få aflad ved at købe afladsbreve, er derfor falsk og den moderne lære om at man kan få aflad for visse af biskoppen anbefalede fromhedsgerninger (pilgrimsvandringer, messer, rosenkranse etc.), er lige så falsk. Ikke mindst, når det hævdes, at man kan købe/skabe aflad for andre mennesker, herunder for de døde, hvis tid i Skærsilden man derved kan forkorte. Hvis det virkelig er sådan, at Gud har givet de katolske biskopper ret til at meddele syndsforladelse til mennesker, som besøger visse kirker og gennemfører visse vandreture, så må han jo elske de unge og raske europæere højere end de gamle og syge afrikanere. Kan det passe? Er Gud racist?

Traditionalisterne mener, at aflad er traditionel katolsk lære, og de anbefaler gerne de troende at sikre egen frelse ved at investere i afladsgivende handlinger, uanset om disse koster penge eller ikke. Det, at komme i himmelen, er ikke kun et spørgsmål om tro, men i lige så høj grad et spørgsmål om at sikre, at der "plus på kontoen" når man dør. Man skal altså have bekendt sine synder, og udført den bod, som skriftemålet fører med sig. Sker dette ikke, vil tiden i Skærsilden blive forlænget, så for at undgå dette, er det klogt at investere i afladsgivende handlinger, medens man stadig har pengene og den fysiske formåen til at kunne gøre det. Det er kirkens hellige karakter, dens bestemmelse som "Kristi Legeme", som gør at den kan uddele aflad til de troende, og netop denne egenskab er en af de vigtigste årsager til at man aldrig må forlade kirken eller bringe sig selv i modstrid med dens myndigheder. Det er bedre at tro på noget, som man ikke forstår, end det er at risikere den evige ild. Det handler om at investere i sin egen fremtid, og den aflad man køber til

andre, er indirekte med til at gavne en selv. For engang kommer
man selv i ilden, og så må man bare håbe, at der er andre, som vil
give et bidrag, for at man kan komme ud igen.

* Forholdet til jøderne

Liberalisterne mener, at det positive forhold til, og efterligning af
jøderne, er et helt central aspekt af den katolske tro. De mener, at
Paulus tog fejl, da han udnævnte jøderne til at være ansvarlige for
Jesu død og som dem der "ikke behager Gud og er imod alle men-
nesker" (1. Thess 2:14-16). Tværtimod, mener liberalisterne, at jø-
derne er kristnes "ældre brødre" og den pagt, som jøderne indgik
med Gud under Moses, er lige så gyldig i dag, som den var den-
gang. Jøder har derfor ikke brug for Jesus, men katolikker har til
gengæld brug for jødedommen. Derfor fejrer man de jødiske højti-
der og at bekender sig til det, som Paulus kaldte for "jødiske myter"
(Titus 1/14). Disse myter kan rangordnes, erkender man, og når de
er tilstrækkelig vigtige, kalder man dem ikke for myter mere. Den
centrale historie, som forener de liberale med jøderne, er Hitlers
Holocaust, som er så vigtig en hændelse, at det fører til fængsels-
dom i flere katolsk dominerede lande, som Tyskland, Frankrig, Po-
len og Schweiz. Det mener liberalisterne er helt rimeligt, da ingen
tro er mere vigtig end netop troen på Holocaust. Skulle en person
hævde, at Jesus var bøsse, eller at han aldrig havde eksisteret, ville
det derimod ikke være særlig væsentligt og det ville i hvert fald ik-
ke udløse nogen straf.

At bevare retten til at forholde sig kritisk til religionerne, er meget
væsentligt for liberalisterne, men dette gælder dog ikke for forhol-
det til den jødiske religion, som opfattes som værende hellig i en
form som hævder den over de andre. Den liberale kardinal Walther
Kasper fra Tyskland har - i lighed med den svenske biskop - udtalt,
at mennesker, som ikke tror på Holocaust, ikke er velkomne i den
katolske kirke. De såkaldte "holocaustbenægtere" er - efter liberal
opfattelse - ikke bare mennesker med en anden tro på en historisk
hændelse, det er mennesker, som begår en synd så stor, at kirken
ikke kan tilgive den. Havde han levet i middelalderen er der næppe

tvivl om, at han ville have foreslået, at de blev brændt. En anden liberalist, den svenske biskop Andrea Arborelius udtalte tilsvarende, at der "ikke er plads til den slags mennesker i den katolske kirke". Kirken er altså at betragte som et politisk meningsfællesskab og ikke som et fællesskab af døbte og Jesus-troende mennesker. Holocaust skal, efter mange jødiske organisationers mening, ophøjes til at være et katolsk dogme, og det vil liberalisterne sikkert støtte dem i. Flere mener, at det allerede er tilfældet, selv om det endnu ikke er nedfældet i kirkens katekismus. For i det rette perspektiv er korsfæstelsen af Jesus jo ganske uinteressant. Han var jo bare en enkeltperson. Og når hans død kan skabe så stor en frelsende virkning, så må drabet på 6 millioner jøder jo være så meget større.

Traditionalisterne har et mere kritisk forhold til jøderne, som ofte beskylder dem for at være "anti-semitter". Som helhed deler traditionalisterne dog de liberales syn på Holocaust, men de mener ikke, at denne historie har særlig relevans for den kristne tro. Man mener, at kirken skal afgrænse sig i forhold til jødedommen. Det var jøderne, som slog Jesus ihjel, og det er derfor kun rimeligt at bevare den traditionelle fredagsbøn i påsken for "de vantro jøder", sådan som den lød i messen inden Andet Vatikanerkoncil. Da man mener, at kristendom er noget ganske andet end jødedom, så går man ikke ind for at kristne skal bekende sig til jødiske trosforestillinger. Traditionalisterne er derfor - almindeligvis - tilhængere af at mennesker, som lever i Europa, skal have lov til at undersøge og tvivle på Holocaust og andre historiske hændelser (f.eks. 9-11), som ligger uden for det område, som kirken har myndighed til at udtale sig om. Man går derfor ind for ytringsfrihed, og mener - i modsætning til liberalisterne - at de europæiske love imod tankeforbrydelser er i modstrid med kristen tro på frihed og kærlighed, og at de derfor bør ophæves.

* Judeo-katolicisme

Liberalisterne mener - som nævnt - at den katolske kirke og dens lære er en forlængelse af, og ikke et brud med, jødedommen. Det er derfor ikke ualmindeligt at medlemmer og præster i menigheder med denne ideologi, kalder sig selv for jøder. Det mest kendte eksempel på dette er nok den nu afdøde franske kardinal Lustiger fra Paris, som ofte gjorde opmærksom på, at han både var jøde og katolik, og at han ikke mente, at der var nogen modsætning mellem disse religioner. I judeo-katolske menigheder er det derfor ikke usædvanligt, at præsten har davidstjernen syet på sin kåbe, som det f.eks. var tilfældet hos den tidligere sognepræst Georg Nibler fra Lyngby. De aktiviteter man beskæftiger sig med i disse meningheder - ud over messen - er gerne turist-rejser til Israel og Polen (Auschwitz) og foredrag af jødiske personligheder om jødisk kultur og verdensopfattelse. I sådanne menigheder er man forsigtige med at anvende krucifikser, især hvis de er for realistiske, da disse kan virke provokerende på jødisk troende. Man ønsker derfor heller ikke at udvikle en alt for aktiv tilbedelse af Jomfru Maria, da denne kvinde jo - efter talmudisk opfattelse - bestemt ikkc var nogen helgen og langt fra var Guds Moder. Judeo-katolikkerne siger som regel, at de er tilhængere af Andet Vatikanerkoncils beslutninger, og det dokument de især er glade for, er Nostra Aetate, altså erklæringen om kirkens forhold til de ikke-kristne religioner. Judeo-katolikkerne tolker dette dokument som en ophævelse af modsætningen mellem jødedom og katolsk kristendom, og det er derfor - efter deres opfattelse - kirkens opgave at integrere jødedommen i den katolske kirke. Alle de anti-jødiske helgener og kirkelærere (Simon af Trient, John Chrysostom etc) skal derfor forbydes eller glemmes og det skal slås helt fast, at man godt kan blive frelst, både i dette liv og i det næste, hvis man er udøbt og del af Guds pagt med jøderne. Det forhold at jøder kan synde, er judeo-katolikkerne ikke enige om. På den ene side ved de, at det er sandsynligt, men de bryder sig ikke om at snakke om det. Synden er et kristent begreb, og jøderne lever efter en helt anden lov.

Traditionalisterne mener, at der er et afgørende skel mellem katolsk og jødisk opfattelse. De opfatter Nostra Aetate som udtryk for dette ændrede forhold. Efter 2. Verdenskrig måtte kirken revidere sin lære og sætte den i overensstemmelse med dommene ved Nürnberg processens resultater. Kristendom adskiller sig radikalt fra jødedom, og det var jøderne som var ansvarlige for Jesu død. Kirkens aktivitet, ud over messen, må derfor bestå i at udvikle en særlig katolsk spiritualitet og til dette formål er rosenkransen og tilbedelsen af sakramentet og Guds Moder gode midler. Alle former for racisme og anti-semitisme er i modstrid med katolsk tro, det er man enig med liberalisterne i, men hvad man lægger i disse ord, er ikke helt det samme. For traditionalisterne er det stadig aktuelt at forholde sig til Paulus og de katolske helgener, som advarer imod jøderne. Man anerkender naturligvis dokumenterne fra det sidste koncil, men man mener også, at det er nødvendigt at forstå disse dokumenter i et historisk lys, på samme måde som man ser de bibelske tekster. Nostra Aetate er sand, men tiden kalder på en ny erklæring, som gør det klart, at den katolske kirke har sin egen lære og at denne lære skal tages alvorligt.

* Holocaust

Liberalisterne tror på samme måde om Holocaust som de zionistiske jøder gør det. Denne begivenhed er helt indiskutabel, og enhver debat om hvad der skete og hvorfor, er i sig selv illegitim. Selv om ordet "liberal" sædvanligvis forbindes med begrebet frihed, så gælder det ikke i denne sammenhæng. Liberalisterne ønsker forbud mod diskussion af Holocaust, fordi spørgsmålet - efter deres opfattelse - er helt afklaret. Det er de enige med de jødiske organisationer i. Enhver tvivl om den indiskutable hændelse ser de som en krænkelse af jøderne, og dermed som værende i modstrid med den post-konciliære katolske tro. Man har ikke noget imod mennesker, som mener at Jesus var bøsse, at opstandelsen er løgn og at Jomfru Maria var prostitueret. Dem ignorerer man bare. Men det samme gælder ikke for de såkaldte "holocaust-benægtere", som - for liberalisterne - er alle dem, som tvivler på at Hitler havde gaskamre beregnet til massehenrettelse og at tallet 6 millioner er historisk korrekt. Ingen af de mennesker, som man anklager for holocaustbenægtelse, har faktisk utrykt tvivl om realiteterne i Hitlers jødeforfølgelse, men det er ikke det, som er kernen i de jødiske og liberalkatolske tro. Det drejer sig om metoden og det præcise omfang af Hitlers drab på jøderne. Tror man ikke på gaskamre, så er man holocaustbenægter og hvis man er holocustbenægter, så har man

krænket jøderne og jøderne er i virkeligheden en slags særlig gode
og ægte katolikker, som - til forskel fra andre - har den egenskab, at
de aldrig lyver eller synder på anden vis.

Traditionalisterne tror også på Holocaust, men erkender, at der er
punkter, hvor man kan have sin tvivl. For dem drejer det sig om en
historisk hændelse under 2. Verdenskrig, og der er ikke den store
grund til at dvæle ved denne hændelse, set ud fra et katolsk per-
spektiv. Om Holocaust er sandt eller ej, og hvordan det skal fortol-
kes, er ikke et spørgsmål af væsentlig betydning for den kristne tro,
og kirken har i hvert fald ikke myndighed til at afgøre, hvilken hi-
storisk skole, som har den mest korrekte forklaring på denne hæn-
delse. Hitler var katolik og det var flere af hans generaler og lede-
ren af Auschwitz (Rudolf Höss) også, så hvis 6 millioner jøder blev
udryddet i gaskamre, så var katolikkerne næppe helt uden ansvar
for dette. Det faktum, at Pius XII ikke på noget tidspunkt proteste-
rede imod disse påstående gaskamre eller over masseudryddelsen i
det hele tage, må dog undre og vække mistanke. Enten var denne
pave helt usædvanligt meget under nazistisk kontrol, eller også var
han meget umoralsk. Hvis ikke dette passer, så må der være en fejl
i logikken, og det mener en del traditionalister nok at der er, for de
ser gerne, at Pius XII erklæres for katolsk helgen. Men det kommer
nok til at trække ud, for jøderne protesterer. Pius XII var medan-
svarlig for Holocaust, mener de. Og diskussionen om sandt og falsk
i denne sammenhæng kan desværre slet ikke foregå i en række sto-
re katolsk prægede lande, fordi man her – siden 70-erne – har valgt
at forbyde alle ytringer, som afviger fra Nürnberg-processens resul-
tater, så altså hermed er ophøjet til hellig og evig sandhed i en så-
dan grad, at det fører til fængselsdom at modsige den. Men alle
ved, at det er krigens sejrherrer som skriver historien. Engang vil
dønningerne efter 2. Verdenskrig have lagt sig, og så bliver der for-
håbentlig plads til en objektiv diskussion, både om Holocaust og
om den katolske pave. Måske er sandheden en helt anden end den,
som flertallet tror på i dag. Det er jo tidligere sket, at både kirken
og det store flertal af befolkningen i Europa har taget fejl. Og
spørgsmålet om Auschwitz er smerteligt for kirken. Og der er man-
ge uafklarede spørgsmål. Den tidligere kz-fange Primo Levi fra Ita-

lien udtalte engang, at det som døde i Auschwitz ikke var jøderne, men den kristne tro. Hvis det er sandt, er det klart, at der er kræfter, som ser en fordel i at holde den dæmoniske mytologi om denne lejr levende. Det er traditionalisterne klar over, og de ønsker den kristne tro bevaret. Hele diskussionen handler nemlig, i sidste ende, slet ikke om historie. Det handler om hvad kristendom er, og hvordan den kristne moral og det kristne menneskebillede forholder sig til de tilsvarende jødiske forestillinger, som præger den moderne verden.

* Papisme og kampen om "kirkens lære"

De liberale føler sig ikke forpligtet af pavelige udtalelser eller kirkelige dokumenter, som de ikke forstår eller er enige i. I sidste ende er det menneskets samvittighed som afgør, hvordan man skal handle og leve. Uanset hvor "ufejlbarlig" paven hævder at være og uanset hvor meget en bestemt teologisk eller moralsk forestilling kan siges at have rod i kirkens tradition, så skal den kun følges, hvis den giver mening for det enkelte troende menneske. Gud taler til ethvert menneske gennem dets samvittighed, så der er ingen grund til at studere kirkelig tradition for at lære Gud at kende. Ham kender du allerede og du er i permanent forbindelse med ham, uanset om du tilhører den ene eller anden religion. Forestillingen om at moral er sand, hvis det kan vises, at kirken og paverne tidligere har fulgt denne moral, kan helt afvises. Hvis man skulle bevare fortiden katolske moral, skulle man stadig brænde hekse og man måtte ikke modtage renter for sit indestående i banken. Det er indlysende forkert. Tanken om at kirkens dokumenter skulle være overordnet Guds tale til mennesket gennem dettes samvittighed, anser liberalisterne for at være ukatolsk og falsk. De, som mener sådan, kalder man "papister", da de åbenbart tror mere på paven end på Verdens Herre.

Traditionalisterne mener, at der findes noget, som kan kaldes for "kirkens lære", og at denne størrelse er så entydig, at den kan siges at være identisk med begrebet "katolsk tro". Denne lære kan udledes af kirkelige dokumenter og pavelige udtalelser op gennem tiderne, men det er katolikkernes pligt at rette sig efter denne lære, hvis de ønsker at blive kaldt for katolikker. Alternativt mener man, at de bør forlade den katolske kirke, hvilket man dog ikke helt kan forklare, hvordan de skal gøre. Tilhørsforholdet til denne kirke er nemlig, efter traditionalistisk opfattelse, bestemt af dåben, og enhver lovlig døbt, er katolik. De katolikker, som ikke tror på traditionalisternes udlægning af den "kirkelige lære", kan derfor ikke melde sig ud, da dåben jo er et sakramente, som ikke kan omgøres. Det forhindrer dem dog ikke i at sende et brev til biskoppen om at de ikke mere vil "være medlem". Så slettes de af medlemslisten og modtager ikke mere de kirkelige blade. Katolikker er dog, efter kanonisk ret, stadigvæk.

* Afslutning

Det skal afslutningsvis siges, at der ikke findes særlig mange mennesker i den katolske kirke, som entydigt bekender sig til en af de nævnte ideologier. Man kan ikke opdele messens deltagere i liberalister og traditionalister, men ikke desto mindre er der en klar forskel. Der eksisterer foreninger, hvis arbejde hovedsageligt har til formål at fremme den ene eller anden af disse ideologier, og når man læser de katolske blade og websites, kan man se, at mennesker har sympati med, og søger at fremme synspunkter, som knytter sig an til disse fraktioner. Derfor er det svært at være præst (og pave) i den katolske kirke, for man kan ikke gøre alle tilfreds. Hvis det havde været i protestantisk regi, at disse stridigheder fandt sted, så ville kirken blive splittet. Men katolikkerne tror, at en forenet kirke, er til gavn for de kristne, også selv om denne enhed er rent formel. Derfor bliver konflikten søgt skjult for offentligheden, og - ikke mindst - for katolikkerne selv. For kirken er jo blevet splittet før, og det kan ske igen. Og måske ville det være bedst på den måde?

4. PAVE PIUS XII OG HOLOCAUST

Følger man med i Vatikanets ugeblad L'Osservatore Romano og i debatten mellem Vatikanet og den israelske stat, vil man finde ud af at spørgsmålet om pave Pius XII's (1876-1958) forhold til det så-kaldte Holocaust er et særdeles hot emne. Det drejer sig om noget meget centralt, ikke kun for den israelske stat, men også for Vati-kanet, for der er en proces i gang for at helgenkåre Pius XII, og hvis kritikerne af denne pave har ret i at han forholdt sig tavs og ignore-rende det som mange i vor tid regner som værende Adolf Hitlers største forbrydelse, så er Pius XII ingen helgen, men en forbryder.

* Pave Pius den XII

Både for Israel og for Vatikanet drejer det sig om troværdighed, og intet tyder på at begge parter kan have ret, hverken faktuelt eller moralsk. Føres debatten og den af Vatikanet igangsatte undersøgel-se af pave Pius XII´s forhold til Hitler og hans ugerninger videre, er der meget som tyder på, at der vil komme en afklaring, som én af parterne ikke vil bryde sig om. Tilsyneladende er der kun to mulig-heder: Enten må Vatikanet indrømme, at den pave, som de er i færd med at helgenkåre, var det man i dag kalder for "holocaustbenæg-ter", eller også må der stilles alvorligt spørgsmålstegn ved den hi-storieskrivning, som siden 1970'erne har ophævet denne begiven-hed til at have ikonisk og uimodsigelig status.

Ingen er i tvivl om at Pius XII var imod nazismen og dens menne-skesyn, og det er anerkendt af de fleste, at han gjorde mange ting for at beskytte forfulgte jøder i Italien ved at lade dem søge skjul i Vatikanet og i forskellige klostre, som de katolske ordenssamfund disponerede over. Dette bliver fremhævet igen og igen af pavens apologeter, og ingen seriøse debattører vil modsige dem. Problemet er bare, at det ikke er det, som debatten drejer sig om, når den ses fra den anden side, nemlig Israels. Her handler det om hvorvidt Pi-us XII gjorde indsigelse imod den påstående masseudryddelse af 6 millioner jøder i gaskamre i Auschwitz, Treblinka, Majdanek og

Chelmno, og det er der - indtil videre - intet som tyder på, at han gjorde. Det hævdes af de i Vesten dominerende eksterministiske historieskrivere, at Hitlers Holocaust gik i gang efter afholdelsen af Wannsee-konferencen i januar 1942, hvor Hitlers ledere fandt på det de mente skulle være løsningen på "det jødiske problem". Herefter startede gasningerne, som fortsatte indtil kort tid inden at russerne indtog lejrene i 1945.

Ingen kan i alvor hævde, at pave Pius d. XII ikke vidste, hvad der skete i de polske kz-lejre. Polen er et katolsk land, der var mange katolske præster i lejrene og en stor del af det tyske personale i lejrene var katolikker, herunder lejrens leder Rudolf Hoess, som var flittig gæst i byens katolske kirke. I et katolsk land som Polen kan intet holdes skjult for den katolske kirke, og dermed for paven, og ud over de efterretninger, som paven fik gennem de kirkelige kanaler, tilgik der også omgivelserne masser af information via flere andre troværdige kilder.

Røde Kors besøgte flere gange Auschwitz og de andre kz-lejre, hvor de snakkede med fangerne, og ved ingen af disse besøg fik man underretning om massehenrettelse i gaskamre. De allierede lavede ugentlige overflyvninger af Auschwitz, hvor man tog luftfotos af lejren. Men heller ikke her fik man tilsyneladende øje på nogen gaskamre, lige som man ikke fik sådanne underretninger ved aflytningen af lejrens krypterede elektroniske kommunikation, hvis koder englænderne havde brudt. Hvis man havde fået troværdige underretninger om massehenrettelser med gas, ville man formentlig have bombet gaskamrene, hvilket ville have været en simpel sag, da det tyske luftvåben var nedkæmpet.

Det er i øvrigt ikke kun Pius XII, som - tilsyneladende – ikke gad gøre noget for at redde jøderne fra Hitlers gaskamre. Det samme gjorde præsident Roosevelt og premierminister Churchill, i hvis taler og bøger man leder forgæves efter nogen form for omtale af gaskamre, masseudryddelse og Holocaust. I det hele taget var det nok den mest almindelige opfattelse under og efter krigen, at Hitler ikke havde den store interesse i at henrette kz-fangerne, da hans mål var at tvinge fangerne til at arbejde i den civile og krigsmæssige produktion. Og forestillingen om at han havde en plan om at "udrydde alle verdens jøder" støder på det faktum, at Hitler aldrig kontrollerede landområder hvor mere end 1/3 af verdens jøder boede. Dertil skal føjes et andet faktum, nemlig det at Hitler og nazisterne i perioden fra 1933-1940 ivrigt samarbejdede med Sterngruppen og de øvrige zionister i Palæstina, med det formål at få de tyske jøder til at drage til Palæstina, hvor de skulle udgøre kernen i den kommende israelske stat.

Som man forstår, er der ingen særlig grund til at kritisere Pius d. XII for at han ikke protesterede over gasning og masseudryddelse af jøderne, for det var der heller ingen andre som gjorde. Hverken Røde Kors, de polske præster og biskopper, USA's præsident eller Englands premierminister protesterede, og når de ikke gjorde det, så var det formentlig fordi de intet vidste om en sådan masseudryddelse, eller - hvis de havde hørt om det - at de ikke troede på det.

Blandt de argumenter, som Vatikanet er kommet med for at rense Pius XII for beskydningerne om moralsk medansvarlighed i den påståede masseudryddelse af 6 millioner jøder, er det, at alting kun ville være blevet meget værre, hvis paven havde protesteret. Når man anvender dette argument indrømmer man altså implicit, at han havde kendskab til systematisk masseudryddelse, men at han valgte at tie stille, for ikke at provokere forbryderen til at lave noget endnu mere grufuldt.

Men dette argument holder ikke. For det første er det svært at se, hvordan en forbrydelse kan blive større end den, som det hævdes at Hitler begik, og som siden 70'erne har opnået ikonisk status og omtales i film og historiebøger under betegnelsen Holocaust (med stort forbogstav). Og hvis paven var tilhænger af et moralsk princip om ikke at protestere imod ondskab for "ikke at gøre den værre", så er det svært at forstå, hvorfor han flere gange - før og efter krigen - protesterede imod kommunisternes undertrykkelse af den katolske kirke i de russisk kontrollerede lande. I så tilfælde skulle han også tie stille med dette, for ikke at "provokere undertrykkerne". Men det gjorde han ikke. I øvrigt har det aldrig været katolsk moral at undlade at protestere imod ondskaben for "ikke at gøre den værre", så en sådan hensigt kan næppe tillægges Pius XII, især ikke da hans tavshed om den påståede udryddelse fortsatte efter krigens slutning og frem til hans død i 1958.

Set med nutidens øjne var Pius XII det, som kaldes for "holocaust-benægter", for den eneste sandsynlige forklaring på hans tavshed er den, at han ganske enkelt ikke troede på de historier, som i dag er blevet til historiske dogmer, som ikke tåler debat eller modsigelse. Selv om den postulerede masseudryddelse blev lagt til grund for dommene ved Nürenberg-retssagen, var der ingen som tog dem helt seriøst. Det er jo altid krigens vindere, som skriver historien, og formålet med denne retssag var at stemple taberne, som værende umoralske. Det lykkedes. Siden Hollywood i begyndelsen af 70'erne producerede en tv-serie med titlen Holocaust, er dette begreb blevet et hovedtema i al diskussion om 2. Verdenskrig. Der findes næppe en større amerikansk eller europæisk by, som ikke har et holocaustmuseum, og vi kan dagligt se tv-udsendelser, hvor vi belæres om at dette Holocaust var den centrale og moralsk skelsættende begivenhed i 2. Verdenskrig. Det er på grund af Holocaust, at man i dag regner Hitler for psykopat og krigsforbryder, medens hans modstandere bliver idealiserede og regnet for helte.

Begrebet Holocaust har i dag indtaget en ikonisk status, og der er grund til at den tidligere katolik (nu muslim) Roger Geraudy kalder en af sine bøger for The foundational myth of Israel. Geraudy tager ikke stilling til de historiske realiteter bag holocaust-fortællingen, men konstaterer blot, at denne historie har opnået en religiøs status, og i dag fungerer som det grundlæggende ideologiske samlingspunkt for staten Israel, og i nogen grad for hele den vestlige verden. Det er således i samtlige såkaldt demokratiske vestlige lande tilladt at latterliggøre og krænke både Jesus og Muhammed, samt – naturligvis - at rejse tvivl om disse personers historiske eksistens. Men samtidig bliver man f.eks. i Tyskland og Frankrig fængslet, hvis man tilkendegiver, at man ikke tror på de historiske realiteter bag den såkaldte masseudryddelse i Hitlers påståede gaskamre. Det er derfor helt korrekt at betegne den vestlige post-kristne kultur som værende en holocaustkultur, da man i dette begreb - og ikke i kristendommen - har den urørlige kerne i det, som borgerne i USA og Europa tror på. At benægte de historiske realiter bag Holocaust, fører til den samme slags sanktioner, som engang blev udløst, hvis man udtrykte tvivl om Treenigheden eller - som Galilei – solens angivelige rotation omkring jorden.

Ytringsfriheden holder op, når der er en bestemt religion som krænkes. De andre kan det være lige meget med. Lige som muslimer ikke kan tolerere krænkelser af profeten, kan det vestlige judaiserede menneske ikke tolerere tvivl på Holocaust. Og den katolske kirke følger trop. Ganske vist hævder man, at man går ind for ytringsfrihed, men når katolikker fængsles i Tyskland og Frankrig for at benægte Holocaust, så er kirken tavs.

* Israels besættelser

Israel har USA's og Danmarks fulde opbakning. Racisme og kolonialisme er noget afskyeligt noget, når det foregår i Sydafrika, men i Palæstina er det helt i orden. Logikken er simpel: Der er de holocaustoverlevende, som udøver denne terror, og for dem gælder særlige moralske regler. Når der er krig mellem jøderne og palæstinenserne, så er det jøderne som er "ofre", også selv om det er dem, som har besat palæstinensernes land.

Jeg tror at Israel kommer til at vinde debatten med Vatikanet om Pius XII. Ikke fordi de har ret, men fordi at de kontrollerede medier i USA naturligvis støtter Israel. I foråret 2007 truede Vatikanets ambassadør i Israel med at boykotte en mindedag i det israelske Holocaustmuseum, Yad Vashem og begrundelsen var den, at man ikke kunne tolerere den israelske indblanding i helgenkåringsprocessen af Pius XII. Men Vatikanet er selv skyld i sine problemer, for i den udstrækning de tilkendegiver tro på den af Hollywood promoverede version af Holocaust, kan ingen bortforklaringer redde Pius XII fra at være moralsk medskyldig i masseudryddelsen af jøderne.

Man forstår Vatikanets frustrationer, for alle bortforklaringerne om at paven ikke protesterede mod Holocaust "for ikke at gøre undertrykkelsen værre" eller fordi han "ikke vidste hvad der skete" er naturligvis falske. Paven vidste bedre end nogen anden, hvad der skete i Polen. Det var nemlig hans egne undersåtter, som udførte arbejdet i lejrene, uanset hvad dette arbejde så bestod i.

Der er altså kun to muligheder: Enten er udryddelsen af 6 millioner jøder i polske gaskamre en historisk realitet, og så kendte Pius XII til den. En så gigantisk forbrydelse kunne umuligt skjules for ham og paven var derfor - i kraft af sin tavshed - moralsk medansvarlig i 6 millioner menneskers død.

Eller også må vi erkende, at de historiske realiteter bag historien om Holocaust ikke er helt sådan, som de fremstilles i den vestlige historieskrivning. Konklusionen kan derfor kun blive den, at enten var Pius den XII holocaustbenægter og et moralsk forrådnet individ. Eller også er realiteten den, at han ikke troede på historierne om gasninger eller masseudryddelse i de tyske kz-lejre. Derfor protesterede han ikke. Men hvis ikke paven kendte til massehenrettelse af millioner af jøder, på trods af at han havde bedre informationer end nogen anden person i verden, hvordan kunne de så finde sted?

Der er ingen tvivl om at man har hver sit svar på dette spørgsmål i Israel og i Vatikanet. Det handler om ære. Enten bygger den israelske ideologi på historisk usandhed og mytologi, eller også var Pius d. XII holocaustbenægter og moralsk forbryder. Israel og Vatikanet kan ikke begge have ret.

5. ER PAVEN UFEJLBARLIG?

På det Første Vatikanerkoncil i 1870 vedtog den katolske kirke et
af sine mest katastrofale dogmer, nemlig læren om at den romerske
pave - hvis han ønsker det - kan udtale sig ufejlbarligt " ex. cathed-
ra", når han udtaler sig om spørgsmål, der har med teologi eller mo-
ral at gøre. Formålet med vedtagelsen af dette dogme var at forøge
pavens autoritet og derved at imødegå de modernistiske strømnin-
ger, som prægede kirken i slutningen af 1800-tallet. Man skal hu-
ske, at det ikke kan lade sig gøre at smide medlemmer af kirken ud,
da medlemskab af den katolske kirke er betinget af dåb, og da selv
paven ikke kan tage dåben fra et menneske. Kirken har derfor brug
for et andet instrument for at holde disciplin i rækkerne og at undgå
endeløse, opslidende diskussioner om det ene og andet spørgsmål,
som f.eks. kvindelige præster, fælles kommunion, universalisme
etc. etc. Der er en endeløs række af spørgsmål, som katolikker kan
diskutere med hinanden og de fleste af disse diskussioner vil resul-
tere i, at man har to eller flere forskellige meninger og ikke kan bli-
ve enige. Derfor har kirken behov for et læreembede, som kan træf-
fe beslutninger og derved gennemtvinge den nødvendige disciplin,
som skal til for at undgå kirkesplittelser og nye afskalninger af den
ene og anden fraktion, som mener at kirken er for lidt eller for me-
get af det ene eller andet. Der er i dag 1,2 mia. katolikker fordelt
over hele kloden og årsagen til at kirken har kunnet holde sammen,
trods denne mangfoldighed, er at der eksisterer et magtfuldt lære-
embede.

Det er altså forståeligt, at man har ønsker dette dogme, når kirken
ses som en organisation og dens problemer som sociologisk pro-
blemer. Men set i lyset af rationel tankegang og kristen teologi, er
dogmet en katastrofe. For det første kan en person naturligvis ikke
erhverve en egenskab, blot fordi en forsamling har vedtaget at han
har denne egenskab. Forsamlinger tager fejl, igen og igen, og det
gælder også når disse forsamlinger kaldes for kirkelige konciler.
Hvis en vedtagelse på et kirkeligt koncil om pavelig ufejlbarlighed
skal være gyldig, så må forudsætningen være, at dette koncil også

er ufejlbarligt. Og konsekvensen af dette er, at alle konciler i kirkens historie har været ufejlbarlige, inklusive de konciler, som i middelalderen valgte tre samtidige paver, der gennem årtier sloges med hinanden om hvem, som var den virkelige pave.

Da konciler består af mennesker (biskopper), som træffer afgørelser, så betyder den tanke, at koncilerne er ufejlbarlige, at de tilstedeværende biskopper nødvendigvis også må være ufejlbarlige, og det samme må man så formode gælder for de præster, som disse biskopper har ansat. Når alt bliver gjort op, så medfører ufejlbarlighedsdogmet, at hele kirken, alle dens paver, alle dens konciler og alle dens præster altid har været ufejlbarlige. Kirken og dens medarbejdere har derfor - som konsekvens af dette - aldrig gjort fejl.

Set med kirkeligt perspektiv giver denne opfattelse måske mening, men den giver ikke mening set ud fra de troendes perspektiv og ud fra det perspektiv, som verden og de øvrige religioner anlægger. Historien viser masser af eksempler på katolske præster, som har truffet forkerte beslutninger og kirkelige beslutninger, som har været til skade. Men man kan selvfølgelig vedtage, at alt dette blot er en syndig verdens blindhed for "Guds fuldkommenhed", som den virker i kirken og hos dens ansatte. I så tilfælde er reformationen, som blev udført af ulydige katolske biskopper også ufejlbarlig, den katolske lære om homoseksualitet er ufejlbarlig, de talrige pædofile overgreb er ufejlbarlige og de tre stridende paver var også ufejlbarlige.

Ingen kan forhindre en kirke - eller mennesker i det hele taget - at erklære sig selv som værende ufejlbarlige. På anstalter for sindssyge er der som regel mennesker, der mener at de er Gud eller at deres handlinger er styret af Gud. Og det er svært at modbevise, at mennesker er styret af Gud, hvis de selv tror på det.

Men verden har lært at være påpasselig, når sådanne Guds-apostle forsøger at gøre sig gældende. Vi skal huske på at den muslimske erobring af Mellemøsten og de muslimske tiltag til at likvidere de kristne kirker overalt i de islamisk dominerende lande, også sker "i

Guds navn". I det hele taget er der vel ikke den forbryder i verden, som ikke har brugt Guds navn til at retfærdiggøre sine handlinger, så mennesker i almindelighed er heldigvis så fornuftige, at de forholder sig meget kritisk til sådanne udsagn. Den katolske kirkes lære om at dens paver, konciler og dermed hele kirken, er ufejlbarlig, er ikke alene utroværdig og i modstod med den historiske erfaring. Den er også med til at gøre kirken til grin.

6. HAR MARIA EN FRI VILJE?

Blandt de meget uheldige læresætninger, som de - efter egen mening - ufejlbarlige paver har vedtaget, så er Pius IX's dogme fra 1854 om at Jomfru Maria er født uden arvesynd, et af de mest uheldige. Baggrunden bag dette dogme er formentlig den samme, som lå bag den lidt sene vedtagelse af, at paven kunne udtale sig ufejlbarligt. Det drejede sig om at kirken var i en krise, som havde at gøre med udviklingen af den moderne tid og den spirende socialisme, som modsagde kirkens lære på næsten alle områder. Kirken havde brug for mere autoritet, og da man ved, at Jomfru Maria er en af de mest populære figurer i helgenhierarkiet, så valgte man yderligere at forhøje denne kvindes teologiske og moralske status ved at erklære, at hun var "født uden arvesynd". Det havde gennem århundreder været kirkens overbevisning, at Jomfru Maria ikke syndede en eneste gang i hele sit liv, men nu skulle der sættes trumf på, og det skete med erklæringen om at hun rent faktisk slet ikke havde haft muligheden for at synde, for al synd i kristen teologi er afledt af arvesynden. Så den, der ikke har nogen arvesynd, er heller ikke i stand til at synde.

Men hvad er konsekvensen af dette dogme?

Jo, hvis Jomfru Maria er født uden arvesynd, så er den uundgåelige konsekvens, at hun var ude af stand til at synde. I modsætning til alle andre mennesker, som kan synde og som rent faktisk synder, så kunne hun slet ikke gøre det. Hun havde altså ikke en fri vilje, som almindelige mennesker, men var en slags robot, der kun kan gøre det gode, og ikke det onde. Og når et menneske ikke kan gøre det onde, så er der ingen grund til at prise dette mennesker for ikke at handle ondt, for man kan kun rose et menneske for at handle på en given måde, hvis dette menneske rent faktisk havde muligheden for at handle anderledes. Hvis man er tvunget til at gøre det gode, så er dette i virkeligheden - moralsk set - slet ikke godt, for moralske dyder forudsætter, at mennesket har et frit valg. Og det mener paven ikke, at Jomfru Maria havde.

Situationen kan sammenlignes med den, at man diskuterede om
ambulance skal udnævnes til helgen (!) fordi den har været med til
at redde så mange mennesker fra at dø. Men dette giver jo ingen
mening, for en ambulance er en bil, en fysisk genstand, som ikke
har nogen fri vilje, og som man derfor ikke kan tillægges moralske
egenskaber. Man kan diskutere om de mennesker, som kører ambu-
lancen gør det gode eller ej, men ambulancen selv er helt uden mo-
ralske kvaliteter. Det er en maskine, som gør det den er skabt til at
gøre, nemlig at køre syge mennesker til hospitalet.

Tilsvarende giver det ingen mening at erklære Jomfru Maria som et
godt menneske, hvis hun ikke havde en fri vilje og dermed mulig-
heden for at handle anderledes end sådan som hun gjorde. Så var
hun en robot, og robotter er hverken moralsk gode eller onde, lige-
som en ambulance ikke er god eller ond.

Konsekvensen af den pavelige erklæring om Jomfru Marias unikke
mangel på arvesynd er altså, at kirkens største helgen ikke var et
almindeligt menneske og derfor heller ikke en figur, som andre al-
mindelige mennesker kan spejle sig i. Hun kan ikke være til inspi-
ration for dem, som ønsker at gøre det gode, for hun kan slet ikke
sammenlignes med disse mennesker, da hun ikke har arvesynd.
Hun er - i den romerske teologi - en ophøjet ikon, et skønt ansigt,
en kunstgenstand og en dejlig fantasi. Hun er ikke en virkelig kvin-
de af kød og blod, som vi alle kan spejle os i.

7. DA BENEDIKT XI AFSKAFFEDE KRISTENDOMMEN

Som enhver ved, så er kristen tro forbundet med troen den hellige Treenighed, Jesu guddom, dåbens nødvendighed og frelsens mulighed i livet efter dette. Den nu abdicerede tyske pave Benedikt XI startede sin karriere under navnet Joseph Ratzinger og arbejdede som professor i teologi. Man må derfor formode, at han var bekendt med disse begreber, som indgår som centrale elementer i den katolske religion.

Men for at forstå pave Benedikt XI skal man nok forstå hans baggrund og hans oprindelse. Benedikt var tysker og han havde under 2. Verdenskrig været soldat i den hitlerske hær. Han havde været i kamp mod Hitlers fjender og man må formode, at han identificerede sig mere eller mindre med den arbejdsgiver, som han kæmpede for. Han deserterede i hvert fald ikke og deltog ikke i modstandsarbejde eller forsøg på at vælte Hitler eller at fremme det racistiske regimes sammenbrud. Han var en lydig og loyal soldat, præcis som de fleste andre.

Da Ratzinger blev valgt til pave var der mange, som frygtede det værste, for det er en kendt sag, at Tyskland og dets befolkning stadig lider under krigens traumer og altid forsøger at gøre alt hvad de kan, for at overbevise verden om, at de "slet ikke er nazister mere". At dømme efter indholdet i nyere amerikansk og engelsk filmproduktion, er det endnu ikke lykkedes i særlig høj grad. I enhver James Bond film og mange andre populære film, bruger man den germanske fremtoning og den tyske accent som sikker indikation på at en person er ond og har forbryderiske hensigter. Måske er det derfor at man i Tyskland ikke viser disse film med den originale lyd, men vælger at eftersynkronisere dem, for at gøre dem mere "forståelige" for det tyske publikum.

Pave Benedikt var vist aldrig helt sikker på, at han havde overbevist den skeptiske omverden om, at han helt og holdent havde forladt sin ungdoms overbevisning og nu var blevet en ægte katolik, hvilket (iflg. katekismen) vil sige 100 % modstander af racisme, nationalisme, antisemitisme og folkemord. Der skulle noget mere til.

Og Benedikt fandt lejligheden til at vise sin katolske renhed og sit opgør med antisemitismen da den engelske traditionalistiske biskop Richard Williamson erklærede (i en svensk TV-udsendelse), at han ikke troede på at Hitler havde haft gaskamre til udryddelse af jøder og at han heller ikke troede på historien om de 6 mio. jøder, der angiveligt skulle være blevet gasset i de nævnte gaskamre.

Williamson var det, som man i Tyskland kalder for "holocaustbenægter", og den slags er forbudt i Tyskland, som gennem de sidste 60 år har betalt krigsskadeerstatning til Israel og som stadig kæmper for at overbevise sine jødiske venner om at man nu var af et helt andet sindelag, end det som dominerede i 30-erne.

Paven indkaldte straks en række jødiske organisationer fra USA til et møde i Vatikanet, hvor han forsikre dem om at "man kan ikke være katolik, hvis man ikke tror på Holocaust". Og det samme evangelium kunne man i pressen høre, at et par tyske kardinaler gentage, så nu var det helt klart. Man kan ikke være katolik, hvis man ikke tror på Holocaust!

Problemet er bare, at Holocaust ikke er omtalt i bibelen eller i den katolske katekismus med et eneste ord, så det må siges, at disse bøger - som kirken har redigeret - er meget vildledende. Man kan naturligvis redaktørerne af bibelen, hvis første udgave udkom ca. 1500 år inden 2. Verdenskrig. Men hvad med den katolske katekismus med dens mange paragraffer og læresætninger, der skal forklare de katolsk troende, hvad det er de skal tro på. Hvordan kan en sådan forglemmelse have sneget sig ind i dette skrift?

Hvis Holocaust er det grundlæggende dogme, som katolikker skal tro på, så må man forvente, at det er omtalt i kirkens katekismus, som er dens fundamentale lærebog. Eller i det mindste i en koncilerklæring fra 2. Vatikanerkoncil (1962-65). Men heller ikke her står der et ord om Holocaust.

Konklusionen må derfor enten være, at pave Benedikt XI er løgner eller at kirken bygger på bedrag. Der er ikke andre muligheder. For hvis mennesker lokkes til at melde sig ind i den katolske kirke, betale kirkeskat og søge deres frelse gennem denne institution, så må man forvente, at denne kirke åbent og ærligt fortæller, hvad den katolske tro går ud på. Og det har man åbenbart ikke gjort.

Hvis den katolske tro har Holocaust som uomgængelig trossætning, så må det gøres klart for de troende. Så må det skrives klart i kirkens dokumenter og kunne læses i dens katekismus. Men det er ikke tilfældet. Holocaust er ikke nævnt med et eneste ord. Hverken i koncildokumenter, i den katolske katekismus eller i den her i Danmark udgivne "Katolsk Mini-ordbog", som udkom for ca. 20 år siden.

Hvem har ret, Benedikt XI eller katekismen? De kan ikke begge have ret, for de modsiger hinanden. Men for den gamle nazist pave Benedikt XI er dette måske ligegyldigt. Han valgte jo at træde tilbage, og det er måske det klogeste han har gjort i sin embedsperiode. Hans teologi var præget af hans tysk-nazistiske baggrund og hans intention var tilsyneladende først og fremmest at rense sig selv og sine landsmænd. Hans gjorde måske godt for Tyskland, men ikke for de katolikker, som ønsker en universel kirke. Rabbinerne i Israel var begejstrede for ham, for troen på Holocaust det grundlæggende for dem. Men paven skulle jo gerne være kristen!